"Hal Cunnyngham e Amanda Dimperio Davis apresentam uma série de passos para igrejas e grupos que desejam se envolver ativamente na Grande Comissão. As páginas deste livro contêm uma sabedoria obtida ao longo de mais de uma década de consultorias na Ásia, África, Europa e Américas. Os resultados aqui registrados visam construir um processo eficaz de cumprimento da Tarefa Missionária. Por meio destes *Oito Passos*, será possível equipar igrejas locais com o fundamento bíblico das missões e indicar-lhes as etapas concretas que precisam realizar para aderir à tarefa da Grande Comissão, a saber: enviar missionários transculturais de maneira sustentável. Estes *Oito Passos* propõem um processo claro pelo qual a igreja global pode alcançar a cooperação e concretizar a visão de envolver toda a igreja na Tarefa Missionária."

— JOHN BRADY, vice-presidente de Engajamento Global, International Mission Board (Junta de Missões Internacionais)

"A Tarefa Missionária é gigantesca e complexa. *Os Oito passos no processo contínuo de missões* oferecem o fundamento estratégico para que cada igreja participe da Grande Comissão, e ajudam as igrejas a entenderem a urgência da tarefa e a transcenderem os desafios culturais. Embora muitos grupos étnicos do mundo tenham sido um campo missionário por muito tempo, somos gratos pela oportunidade de agora ver as igrejas dessas mesmas etnias fazendo parte da força missionária que está alcançando o mundo para Cristo."

— PETER YANES, diretor executivo de Relações e Mobilização Asiático-Americanas, Comitê Executivo da Convenção Batista do Sul

"Estou no ministério há 32 anos e foi um dos *workshops* dos *Oito Passos* que me fez reavaliar meus métodos. Eu parei e me perguntei: 'O que estou fazendo é bíblico, ou estou apenas seguindo os métodos de outras pessoas?'. Nunca [mais] plantarei uma igreja que não tenha missões como foco principal."

— PALAN RAMASAMY, vice-presidente,
Convenção Batista da Malásia

"O processo dos *Oito Passos* tem como foco criar uma cultura de evangelismo, discipulado, capacitação de líderes e envio de membros como missionários, no intuito de alcançar as nações para a glória de Deus. Obrigado por nos treinar para desenvolvermos essa cultura de envio em nossas igrejas!"

— RALPH GARAY, estrategista internacional de plantação de igrejas, Convenção Estadual Batista da Carolina do Norte

"O processo dos *Oito Passos* é interativo, adaptável, informativo e, acima de tudo, abrange um conteúdo valioso com o propósito de fazer igrejas e convenções se envolverem no envio de missionários. Todos nós reconhecemos a importância de ter uma estrutura que pode ser adotada, contextualizada e implementada em diversos países da África."

— DAREN DAVIS, Affinity Group, Africa Subsaariana,
International Mission Board
(Junta de Missões Internacionais), SBC

Oito Passos
no Processo Contínuo
de Missões

Oito Passos
no Processo
Contínuo
de Missões

Construindo uma ponte da igreja
ao campo missionário

Hal Cunnyngham e
Amanda Dimperio Davis

INTERNATIONAL MISSION BOARD
(JUNTA DE MISSÕES INTERNACIONAIS)

RICHMOND 2022

Publicado pela International Mission Board, SBC
P.O. Box 6767
Richmond, Virgínia 23230-0767

http://imb.org

ISBN: 979-8-9881158-2-3

Edição: Robin D. Martin
Edição eletrônica: Laura Mareli
Design de Capa e Texto: Edward A. Crawford
Tradução: Jonathan Ben Josua
Revisão: Andréa Biancovilli

*Os nomes e outras informações marcados com um asterisco foram modificados para proteger a identidade dos envolvidos.

*Este livro é dedicado aos milhares de trabalhadores
transculturais ao redor do mundo, que se dedicam
a levar o evangelho de todos os lugares
para todos os lugares.*

CONTEÚDO

AGRADECIMENTOS

QUEREMOS AGRADECER E RECONHECER as contribuições de vários colegas nossos da IMB que participaram na elaboração das etapas de avaliação de missionários transculturais utilizadas nos *Oito Passos*, especificamente no Passo Seis. Aquelas primeiras consultorias foram fundamentais para nos mostrar muitos dos desafios enfrentados por igrejas e organizações durante o trabalho de enviar missionários internacionais. O processo global de avaliação provou ser um ingrediente crucial para alcançar o nosso objetivo: enviar as pessoas certas para o lugar certo, na hora certa. Queremos, assim, prestar nossos agradecimentos sinceros a Kelly Davis, Ted Davis, Bob Dilks, Alan Garnett, Larry Gay, Susan Gay, Joel Sutton e Andy Tuttle.

PREFÁCIO

AQUELE FOI UM DOS EVENTOS MAIS MEMORÁVEIS da nossa vida, naquela cidade asiática que fervilhava de pessoas, onde nos encontramos com parceiros que representavam organizações-chave de envio missionário de cerca de vinte países. O ano era 2012, e estávamos reunidos para tratar sobre missões mundiais. Havia uma enorme diversidade de línguas e culturas, porém o espírito de união reinava sobre os participantes. Esse espírito de união veio do nosso entendimento da Grande Comissão – o chamado de Deus para que igrejas e cristãos em todos os lugares abracem plenamente o mandamento de "fazer discípulos de todas as nações".

Mas, embora essa visão compartilhada fosse animadora, os desafios constantes que esses missionários enfrentavam em vários países desencorajavam a muitos. Uma questão bem comum que se destacou das demais foi o tempo curto que os missionários ficavam no campo, insuficiente para que chegassem a compartilhar o evangelho de maneira efetiva. Inclusive, o líder de uma grande rede de envio missionário revelou que a taxa de rotatividade da sua organização estava em torno de 85%. Quando ele disse isso, achamos que ele tinha se enganado, que na verdade queria dizer que apenas 85% dos missionários conseguiam concluir o período mínimo de um ou dois anos. Mas ele repetiu sua afirmação. Apenas cerca de 15% dos missionários daquela organização chegavam a concluir o primeiro período de serviço.

Foi uma declaração que chocou a todos nós. Ninguém esperava aquilo. Como poderiam os missionários alcançar almas se não conseguiam sequer permanecer em meio aos perdidos, que precisavam do evangelho? Consultamos outros representantes que estavam na conferência e, depois de algumas conversas francas, descobrimos que o mesmo problema estava acontecendo em outras organizações de envio. A mera permanência no campo, então, era um obstáculo enorme a ser vencido. Depois que ficou claro que era uma situação generalizada, os participantes passaram a querer discutir esse problema tão central. Um parceiro chegou a dizer que sentia que Deus tinha preparado os missionários do seu país de maneira especial para servirem em regiões difíceis, pois haviam sofrido perseguição religiosa em sua terra natal a vida inteira. Porém, mesmo que estivessem dispostos a sofrer pelo evangelho, outros fatores estavam atrapalhando sua eficácia, e a alta taxa de rotatividade lhes causava um outro tipo de sofrimento. Esse parceiro perguntou: "Já que vocês têm tantos anos de experiência, poderiam nos ajudar a diminuir nosso sofrimento?". O "sofrimento", para ele, era o fato de sua organização falhar em manter os missionários no campo.

A Junta de Missões Internacionais (IMB) é uma agência com mais de 175 anos de experiência no envio de missionários transculturais. No entanto, saber de todas as lutas pelas quais passavam os líderes presentes naquele evento nos ajudou a perceber como estávamos, até então, ignorando alguns pontos importantes quando se tratava de ajudar novas organizações missionárias a estabelecerem seus próprios processos de envio. Nossas estruturas, procedimentos e políticas, enquanto agência baseada nos Estados Unidos, não eram adequados às necessidades de agências de outras partes do mundo, que eram maioria. Começamos a repensar duas questões que constantemente surgiam nessas discussões: como poderíamos efetivamente ajudar esses parceiros a trabalhar mais de perto com a igreja local em seus respectivos países? E como poderíamos ajudá-los a manter a presença missionária no campo, alcançar almas e fazer discípulos, isto é, cumprir de maneira eficaz a Grande Comissão?

As respostas foram evasivas. A forma como havíamos trabalhado até aquele momento — presumindo que deveríamos simplesmente traduzir nosso formato norte-americano, com suas estruturas, políticas e estratégias, e aplicá-lo às organizações de envio no restante do mundo —, não estava sendo proveitosa para alcançar almas de maneira efetiva. Era preciso um novo paradigma para que pudéssemos servir a essas agências e igrejas parceiras de outros países e ajudá-las a multiplicar seu envio missionário.

Ao buscarmos uma resposta, reconhecemos que precisávamos, na verdade, ouvir os líderes que queríamos servir. Não podíamos continuar com nossa abordagem tradicional, que só iria limitar a eficácia do envio missionário em outros países, restringindo-a a níveis mínimos. Por isso, quando chegou uma nova oportunidade de treinar parceiros internacionais na avaliação missionária, utilizamos essas sessões de treinamento para ouvi-los e aprender com eles. Começamos a prestar atenção à visão deles e à forma como sentiam o chamado de Deus em suas vidas. Também pudemos identificar os fatores que faziam seus missionários voltarem para casa, e pensar qual seria a melhor forma de ajudá-los a alcançar um envio missionário mais efetivo e sustentável.

Além disso, recapitulamos as dificuldades que nossa própria organização enfrentou ao longo dos anos. Em sua história, a IMB reorganizou sua sede e suas estruturas de campo várias vezes para continuar atendendo às necessidades de um mundo em constante mudança. Assim como a situação mundial não é estática, as estruturas organizacionais não são permanentes. Vários fatores fazem com que seja inevitável se adaptar: guerras, golpes de estado, insurgências, pandemias, desastres naturais. Por mais que possamos aprender com os modelos do passado, é mais importante considerar fatores do futuro, focando em como podemos melhor comunicar o evangelho a povos e lugares não alcançados. Também é preciso ajudar parceiros a refletir sobre sua situação atual e a fazer planos conforme necessário, olhando para o futuro com fé na provisão do Senhor.

Nos seis anos seguintes, recebemos convites para elaborar processos de avaliação missionária junto a parceiros na Ásia, África Subsaariana, América do Sul e Oriente Médio. Nós nos reunimos com crentes em lugares muito diversos, desde o 19º andar de um arranha-céu numa megacidade asiática até uma cabana de bambu às margens do rio Mekong.

Todos esses irmãos estavam buscando abraçar seu papel na Grande Comissão. À medida que iam nos contando seus problemas e desafios, começamos a ver certos padrões que se repetiam. Então, em 2019, no momento de conclusão de uma dessas viagens de consultoria, listamos todos os desafios identificados em folhas de flip-chart fixadas na parede de uma sala de reuniões. Os padrões eram óbvios. A maioria das nossas observações diziam respeito a oito áreas fundamentais. Percebemos que, se quiséssemos realmente ser úteis a nossos parceiros globais, era preciso ajudá-los a analisar sua própria situação nessas oito áreas e, em seguida, ajudá-los a desenvolver planos de crescimento nas áreas que julgassem mais cruciais para a expansão de sua capacidade de envio missionário. Essas áreas, eventualmente, se tornaram os *Oito passos no processo contínuo de missões*. No caso, a análise deve ser feita pelos próprios parceiros, mas nós estávamos ali para auxiliá-los no processo.

Os *Oito Passos* são simples. Todos eles representam conceitos já bem conhecidos na comunidade evangélica. Na verdade, a beleza dos *Oito Passos* está na sua simplicidade. Quando realizamos uma consultoria dos *Oito Passos*, analisamos cada passo de forma detalhada para identificar o estado atual daquela igreja ou organização missionária e ajudar o grupo a elaborar planos para expandir seus esforços missionários.

Por exemplo, voltemos ao problema dos missionários que lutam para permanecer no campo. Percorrer os *Oito Passos* pode ser útil para evitar algumas dessas perdas. O Passo Quatro (O levantamento de missionários) traz alguns estudos bíblicos que podem ser feitos em comunidade na igreja local para ajudar os candidatos a discernirem se têm realmente um chamado missionário e se já estão prontos para cumpri-lo. O Passo Seis (A seleção e o treinamento de missionários transculturais) cobre os cinco componentes da avaliação missionária, que incluem o processo de identificação das qualificações e competências do candidato. O Passo Sete (A formação de parcerias) ressalta que nem igrejas nem agências têm a capacidade de serem especialistas em todos os aspectos do envio missionário e, por isso, precisam firmar parcerias para elaborarem processos adequados. No Passo Oito (O campo missionário – A Definição da Tarefa Missionária), analisam-se detalhadamente os componentes da Tarefa Missionária; é também o momento de buscar identificar as qualificações e competências singulares que serão necessárias em determinado local, para determinada função.

Cada um desses passos foi refinado para ajudar tanto igrejas como organizações a enviar a pessoa certa, para o lugar certo, na hora certa.

Através dos estudos disponibilizados em cada passo, o candidato e a igreja têm a oportunidade de se debruçarem juntos sobre essas perguntas, que é a forma mais saudável de tomar decisões e a mais benéfica para todos: candidatos, igreja, agência e equipe missionária em campo. Quando há falhas graves em dois ou três passos, geralmente todo o processo de envio se torna disfuncional, afetando diretamente a permanência do missionário no campo ou, no mínimo, comprometendo gravemente sua efetividade.

Neste livro, apresentamos e esmiuçamos os conceitos por trás de cada passo, citando estudos de casos reais de campos de diferentes partes do mundo. Contudo, o conhecimento teórico não basta. Nossa esperança é lançar um fundamento teórico capaz de gerar uma mudança real, como a transformação descrita em Romanos 12:2: "transformem-se pela renovação da sua mente, para que sejam capazes de experimentar e comprovar a boa, agradável e perfeita vontade de Deus". Os estudos de caso ajudarão o leitor a visualizar não apenas a avaliação que foi feita em cada exemplo, mas também como, a partir dessa avaliação, os parceiros desenvolveram e implementaram planos para solucionar os problemas e potencializar sua capacidade de envio missionário. Essa transformação ocorre de forma muito mais frutífera num contexto de comunidade, onde vários cristãos que pensam de maneira semelhante se juntam para estudar as Escrituras, analisar a situação à luz de cada um dos *Oito Passos*, e elaborar planos para trabalharem juntos, com o objetivo de assumirem plenamente seu chamado e, assim, cumprirem de forma mais eficaz a Grande Comissão.

Muitos livros trazem a discussão sobre quem é responsável pelas missões: se é a igreja, se é cada cristão, ou se são as agências. A verdade é que os três são responsáveis, e devem trabalhar juntos. Os crentes fazem parte da igreja local. As agências conseguem prover diversos recursos, além de preencherem algumas lacunas que muitas igrejas não estão capacitadas para preencher. Portanto, a questão não é quem é responsável. A questão é: como podemos aproveitar os pontos fortes dos três?

Outra característica singular deste livro é por onde ele começa: não com o Passo Um, e sim com o Passo Oito, que fala sobre o campo missionário e a implementação da Tarefa Missionária. Isso é crucial para o processo. Devemos saber para onde estamos indo para conseguir entender o caminho e construir a ponte que nos levará até lá. Para cumprirmos a Grande Comissão, temos que levar o evangelho àqueles que nunca ouviram. Mas antes, para que qualquer iniciativa missionária consiga abraçar plenamente a Grande Comissão, é fundamental saber implementar todos os componentes envolvidos na Tarefa Missionária.

Esperamos que este livro possa motivá-lo a refletir sobre o contexto à sua volta e tomar a iniciativa de ajudar sua igreja ou organização a maximizar seu envolvimento na Grande Comissão. Foi o próprio Deus quem comissionou todos os cristãos e igrejas a realizar essa tarefa, e Ele proverá tudo o necessário àqueles que O buscam com dedicação, por meio de Sua Palavra, da oração e do aconselhamento com outros crentes.

Tenhamos ânimo para abraçarmos todas as promessas contidas na Palavra de Deus, como aquela que está em 2 Coríntios 9:8: "E Deus é poderoso para fazer que toda a graça lhes seja acrescentada, para que em todas as coisas, em todo o tempo, tendo tudo o que é necessário, vocês transbordem em toda boa obra".

Hal Cunnyngham, Ed.D.
Amanda Dimperio Davis, D.Min.

PASSO OITO

O campo missionário

A definição da Tarefa Missionária

A PEQUENA igreja do Texas se encheu de ânimo quando se espalhou a notícia de que Mike e Beth Kramer* haviam sentido o chamado de Deus para servir como missionários no exterior. Quando a família Kramer contou a notícia, toda a comunidade ficou muito entusiasmada com a ideia das missões. Os Kramers começaram os preparativos para se mudar para o campo: arrecadar fundos, obter vistos e fazer as malas de quatro pessoas. Eles tinham um filho de sete anos, Billy, e uma filha chamada Christy, de dezesseis. Embora entendessem que essa mudança seria desafiadora para os filhos, especialmente na idade de Christy, Mike e

Beth consideraram que qualquer demora em atender ao chamado de Deus para suas vidas seria um ato de desobediência.

Os dois pareciam ser as pessoas perfeitas para a iniciativa missionária para a qual estavam se preparando. Mike havia servido como presbítero em sua igreja e trabalhava como vendedor em uma empresa local, e era bem-sucedido em seu emprego. Ele compartilhava o evangelho de forma eficaz em sua comunidade e, além disso, os Kramers também lideravam na casa deles uma pequena reunião semanal de estudo bíblico e oração. Eles sentiam que seu ministério na igreja local tinha sido uma boa capacitação para que servissem no exterior. As coisas avançaram rapidamente e, depois de alguns meses, os Kramers já estavam se adaptando em uma cidade do Leste Asiático com vários milhões de habitantes, estudando uma das línguas mais complexas do mundo — uma língua completamente diferente do inglês e do pouco espanhol que eles tinham aprendido no ensino médio.

A empolgação de se mudar para o campo rapidamente esfriou quando a família Kramer começou a enfrentar problemas logo após sua chegada. Desde o início, o apoio financeiro que recebiam era apertado, mas, quando chegaram ao campo, a taxa de câmbio tinha mudado, tornando a moeda local mais cara. Com essa flutuação na taxa de câmbio, eles perderam quase 20% do seu poder de compra. O estudo da língua também apresentou desafios inesperados. Beth provou ser uma excelente aluna e conseguiu ter uma boa relação com o professor. Mike, no entanto, descobriu que tinha uma perda auditiva não diagnosticada e teve dificuldades para ouvir e emitir os sons próprio da língua tonal que estavam estudando. Ele nunca antes estivera em uma situação em que dependesse de Beth para se comunicar. Mike também descobriu que o ministério naquele ambiente cultural era muito diferente do pequeno grupo que tinham em casa. As pessoas faziam perguntas que eram novidade para ele — questões relacionadas à adoração de ancestrais e ao temor do mundo espiritual. A essa altura de seu ministério, Mike e Beth tiveram que trabalhar com a ajuda de um intérprete e, muitas vezes, se perguntavam se o intérprete sequer entendia o que estavam dizendo.

Depois de apenas seis meses em campo, os problemas continuaram a aumentar, assim como a frustração e decepção deles. O casal começou a duvidar de que o Senhor estivesse realmente envolvido nessa obra. Talvez tivessem entendido mal o direcionamento de Deus. Talvez os membros de sua igreja local também tivessem interpretado mal a vontade de Deus.

A questão mais crítica que surgiu durante os primeiros seis meses em campo foi a preocupação com o estado emocional da filha, Christy. Depois de alguns meses no novo lar no Leste Asiático, Christy completou dezessete anos e sentia imensas saudades de seus amigos da escola e da igreja, no Texas. Embora fosse uma boa aluna e estivesse indo bem nos cursos on-line que fazia, ela sentia falta da socialização com seus amigos. Sem saber falar a língua local, Christy não foi bem aceita pelos jovens da igreja local, por mais que tentasse. A saudade que sentia se transformou em depressão e os Kramers ficavam cada vez mais preocupados com Christy e sua saúde mental. Depois de menos de um ano no campo, a família foi aconselhada a voltar aos Estados Unidos para tratar a depressão de Christy de maneira mais adequada.

DESAFIOS INESPERADOS

O FATO DE MISSIONÁRIOS ENCONTRAREM DIFICULDADES no campo não é nenhuma novidade. Na verdade, os novos missionários devem esperar algumas decepções, e a maioria dos programas de orientação de campo ajudam as famílias a entenderem muitos dos desafios que podem surgir. Essas questões podem gerar um grande estresse em missionários transculturais, independentemente de sua origem. No caso de Mike e Beth Kramer, prestar atenção a vários dos *Oito passos no processo contínuo de missões* antes de irem ao campo teria ajudado os dois a se prepararem para os desafios que teriam de enfrentar e a evitarem certas dificuldades. A Tarefa Missionária, definida no último dos *Oito passos no processo contínuo de missões*, apresenta muitos pontos a serem considerados por aspirantes a missionários. E, neste primeiro capítulo, começaremos justamente analisando esse conceito importante.

Um velho ditado diz: "Se você não sabe para onde está indo, qualquer caminho serve". Às vezes, alguns missionários são enviados para um campo com grande expectativa e fervor em servir. No entanto, não sabem o que realmente querem e o que precisam fazer, o caminho para chegar lá e nem mesmo como começar. Acontece com demasiada frequência de novos missionários focarem em ministérios que são válidos e ajudam a comunidade local, mas que têm um impacto pequeno no cumprimento da Grande Comissão. Compreender a Tarefa Missionária, onde um missionário quer ir e o que precisa fazer é fundamental para preparar um caminho que, ao final, seja bem-sucedido.

Vejamos a Tarefa Missionária no contexto da situação dos Kramers. Mike e Beth tinham uma excelente experiência ministerial em sua terra natal. Também tinham um entendimento profundo das Escrituras e de como compartilhar sua fé em sua própria cultura. No entanto, tinham pouco treinamento sobre os componentes da Tarefa Missionária, especialmente os elementos-chave de entrada e evangelismo. Se tivessem sido orientados e treinados para compreender a visão de mundo e o contexto cultural do povo ao qual ministrariam, teriam tido mais facilidade em interagir com as pessoas e aplicar a Palavra aos problemas pessoais delas. Sem essa compreensão fundamental, os Kramers ficaram alarmados quando sentiram o choque cultural e se depararam com uma visão de mundo tão profundamente diferente da sua. Da mesma forma, não faziam ideia de como começar a compartilhar o evangelho e fazer o discipulado básico com o povo, muito menos como plantar uma igreja numa cultura desconhecida.

A análise de muitas experiências missionárias tem mostrado que, em muitos casos (até demais), organizações ou igrejas enviam missionários para campos muito diferentes de onde estão acostumados, com pouco ou nenhum treinamento sobre como identificar o contexto em que deverão trabalhar. Os componentes da Tarefa Missionária[1] servem como um guia para ajudar missionários a estabelecerem e manterem estratégias de cumprimento da Grande Comissão face a um povo ou lugar não alcançado. Esses componentes são entrada, evangelismo, discipulado, formação de igrejas saudáveis, desenvolvimento de lideranças e saída em parceria; tudo isso no contexto do mandamento de "permanecer em Cristo".

---

1. "A Tarefa Missionária". *In*: INTERNATIONAL MISSION BOARD. *Fundamentos*. Richmond: IMB, 2018. p. 93-121. Disponível em: https://www.imb.org/wp-content/themes/imb/img/pdf/Fundamentos.pdf.

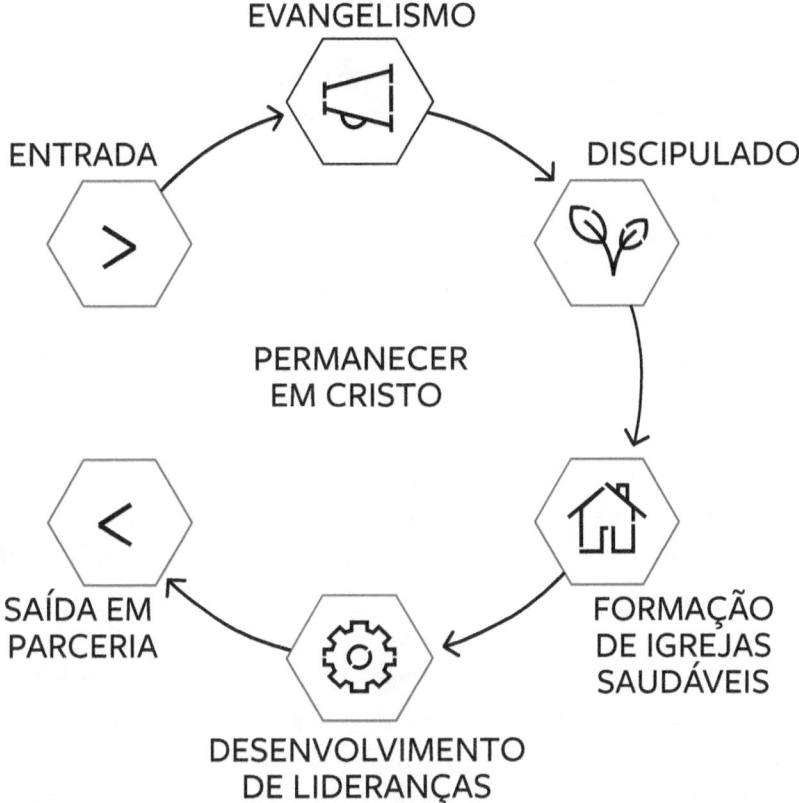

Um estudo da Tarefa Missionária pode fornecer uma compreensão clara do que precisa ser realizado e do percurso a ser seguido. Além disso, os componentes da Tarefa Missionária podem dar aos missionários ferramentas para entender não só o contexto em que devem trabalhar, mas também as competências e qualificações necessárias para trabalhar naquele meio.

Entrada. A entrada vai além da mera presença física. A entrada é importante para colocar o missionário numa posição favorável a um ministério transcultural eficaz. O primeiro elemento de entrada é a pesquisa: aprender sobre uma população-alvo. Isso pode abranger história, visão de mundo, religiões, nível de disseminação do evangelho, disponibilidade de traduções das Escrituras (faladas e escritas) e outros fatores pertinentes, como índices de alfabetização, economia e perseguição religiosa na área. Compreender esses vários aspectos da entrada pode ajudar o novo missionário a saber por onde começar. Se a família Kramer tivesse compreendido a visão de mundo da cultura em que estavam entrando, poderiam ter estudado as passagens relevantes das Escrituras para abordar as questões que rapidamente surgiram nos contextos de evangelismo e discipulado.

Identidade e presença são, também, outros aspectos da entrada. Em sua cidade, os Kramers tinham permissão para viver oficialmente como missionários, mas em países ou lugares que não são abertos a missionários cristãos, estes precisam apresentar outra razão legítima para estar lá. Além do mais, ter acesso às pessoas não significa apenas viver no mesmo vilarejo ou cidade, mas interagir de forma consistente e relevante com os membros da comunidade em sua vida cotidiana. Os missionários devem estar preparados para responder às perguntas de sempre: "Quem é você?", "O que você faz?" e "Por que você está aqui?".

Evangelismo. Compreender a abordagem a ser adotada na Tarefa Missionária que seja mais adequada ao contexto local pode ser um grande desafio. Quando se pergunta a aspirantes a missionários como definiriam a Tarefa Missionária, a maioria se concentra no evangelismo, sendo a resposta mais comum "compartilhar o evangelho". Embora o evangelismo seja fundamental para qualquer estratégia de missões, os missionários devem entender a Grande Comissão em sua totalidade e aplicá-la ao contexto local. As Escrituras nos ordenam a "fazer discípulos", o que abrange muito mais do que simplesmente compartilhar o evangelho. As informações obtidas na fase de pesquisa, na etapa de entrada, podem ser úteis para entender a cosmovisão daquele povo, identificar passagens bíblicas específicas relevantes para essa cosmovisão e aprender termos-chave que serão essenciais para comunicar plenamente toda a mensagem do evangelho e discipular novos crentes. Dependendo do quão acessíveis são aquele povo e local, missionários ou organizações missionárias podem ter que desenvolver estratégias de entrada para demonstrar o evangelho de forma prática, por meio de ministérios de ajuda humanitária, programas de alfabetização e estratégias de assistência médica. Caso use essas abordagens, o missionário deve ter cuidado para não criar uma dependência nas pessoas e, assim, atrair "convertidos" que buscam apenas benefícios materiais. Portanto, isso mostra a importância de se formarem parcerias adequadas, tópico que será abordado no Passo Sete.

Discipulado. Os missionários que atuam em povos e lugares não alcançados devem ter sempre à mão estratégias de discipulado a serem usadas no momento em que o Senhor suscitar os frutos provenientes dos evangelismos. A essência da Grande Comissão é "fazer discípulos". A fim de ensiná-los a "observar tudo o que tenho ordenado", o discipulado gira em torno do estudo da Palavra de Deus. Esse estudo deve ir além do mero acúmulo de conhecimento, incluindo a disciplina e uma submissão à Palavra de Deus, que conduz a uma vida transformada. Essa transformação causa um impacto na pessoa como um todo: em seu coração, mente, emoções, vontade, relacionamentos e propósito.[2] O discipulado cristão é um tarefa para toda a vida, e a transformação só pode acontecer quando há um compromisso com as disciplinas espirituais de oração, estudo da Bíblia, memorização das Escrituras, adoração e serviço cristão, tudo no contexto do corpo de Cristo, Sua igreja. Isso nos leva ao próximo componente da Tarefa Missionária.

Formação de igrejas saudáveis. A vida cristã não foi feita para ser vivida em isolamento, mas num contexto de relacionamento com o corpo formado por outros cristãos. Mesmo em situações onde há perseguição e necessidade de tomar medidas mais intensas de proteção, os cristãos encontram maneiras de se reunir para praticar a adoração, o estudo da Bíblia, a oração, o apoio mútuo e o serviço à comunidade. O discipulado se torna mais eficaz quando é feito no contexto da igreja local.

As igrejas assumem formas diferentes em contextos diferentes. Em alguns lugares onde há limitações de espaço e restrições de segurança, elas assumem a forma de pequenas igrejas nos lares, que abrigam poucas pessoas. Em outros ambientes, elas podem assumir o formato de grandes ajuntamentos, em espaços alugados ou mesmo comprados. Seja qual for o caso, as "12 características de uma igreja saudável"[3] podem servir de

2. "A Tarefa Missionária". *In: Fundamentos*, p. 104.
3. "A Tarefa Missionária". *In: Fundamentos*, p. 110-113.

referência para medir a saúde da igreja local. Este aspecto do *Processo contínuo de missões* é desenvolvido com mais profundidade em nosso capítulo "O ministério local — O estabelecimento de igrejas saudáveis" (Passo Três), pois é vital para o envio de missionários saudáveis.

Desenvolvimento de lideranças. O desenvolvimento de líderes é um componente crítico da Tarefa Missionária. Todas as igrejas precisam de líderes locais. O apóstolo Paulo é um grande exemplo dessa forma de proceder ao fazer missões: ele sempre levantava líderes locais para servir como presbíteros ou pastores das igrejas em cuja plantação estava envolvido. Do mesmo modo, todo missionário deve ter essa visão de estabelecer lideranças locais desde o momento em que começa uma iniciativa de plantação de igrejas. O levantamento de líderes locais é um elemento fundamental no estabelecimento de igrejas locais saudáveis.

Deus escolhe líderes para Sua igreja; as qualificações que devem ser buscadas nesses líderes, para se reconhecer neles o chamado de Deus, podem ser divididas em três categorias: o que esse líder deve SER, SABER e FAZER.[4] O tipo de carácter de um líder se encaixa na categoria do SER. A categoria SABER se refere ao desejo e à capacidade de crescer em conhecimento (especialmente no conhecimento da Palavra) e no desejo de obter educação teológica formal no contexto apropriado à situação de cada um. Finalmente, a categoria FAZER deve começar, antes de tudo, com a prática pessoal de disciplinas espirituais. Presbíteros e pastores devem ter as habilidades necessárias para pastorear a igreja local, que incluem a capacidade de ensinar a Palavra, sendo o foco de suas responsabilidades pastorais "equipar os santos" para o ministério (Efésios 4:12).

Aqueles a quem Deus separou para serem líderes na igreja local não são perfeitos. No entanto, quando estiverem considerando pessoas para cargos de liderança, os missionários devem se basear nas qualificações bíblicas do líder encontradas em Tito 1:5-9 e 1 Timóteo 3:1-7. É importante notar que o apóstolo Paulo se dedicou arduamente à preparação desses obreiros e reconheceu que não se podia negligenciar seu desenvolvimento e treinamento. Da mesma forma, em 2 Timóteo 2:1-3, Paulo implorou a Timóteo que investisse no treinamento e na preparação de líderes da

4. "A Tarefa Missionária". *In: Fundamentos*, p. 114-118.

igreja. O missionário transcultural, ao treinar líderes em potencial, descobrirá que alguns deles não são adequados para a tarefa. Outros demonstrarão crescimento e maturidade suficientes nos processos de mentoria e treinamento a ponto de poderem ser reconhecidos como líderes pela igreja local, pois apresentam os requisitos do SER, SABER e FAZER.

Saída em parceria. O objetivo do missionário deve ser estabelecer igrejas saudáveis e depois desafiar essas comunidades a se juntarem à tarefa de levar o evangelho aos não alcançados com o mesmo objetivo de plantar igrejas saudáveis. Idealmente, à medida que as igrejas vão amadurecendo, os missionários devem ir deixando o cenário em que trabalharam no início do ministério para dar um foco maior em novas comunidades não alcançadas ou sem igrejas. Isso não significa que vão abandonar o campo inicial; eles podem manter uma relação estreita de encorajamento e treinamento com aquele povo. O apóstolo Paulo manteve relacionamentos com as igrejas que ajudou a plantar em todo o mundo conhecido. Ele visitou essas igrejas quando teve oportunidade e escreveu cartas para incentivar seu crescimento, desafiá-las em áreas de fraqueza e aprofundar sua compreensão do evangelho. A essência dos escritos de Paulo é que todas as igrejas precisam seguir o mandamento bíblico de abraçar a Grande Comissão em sua inteireza. Desde os momentos iniciais em um novo campo, o missionário deve enfatizar a Grande Comissão ao ensinar o povo local. Então, quando chega a hora de levar o evangelho a outro lugar, a igreja está em total harmonia com o plano no momento em que o missionário sai em parceria. A premissa fundamental dos *Oito passos no processo contínuo de missões* é fazer com que as igrejas entendam seu chamado à Grande Comissão, assim como ajudá-las a se envolverem nessa tarefa, por meio de planejamento e parcerias.

Permanecer em Cristo. Embora cada componente da Tarefa Missionária seja importante, um elemento central que deve sustentar todos eles é o foco do missionário em "permanecer em Cristo". O carácter espiritual do missionário está no centro da Tarefa Missionária. As missões mais eficazes são realizadas por aqueles que caminham de forma íntima com o Senhor e permanecem como Seus filhos, como dizem as Escrituras (João 15). Treinamento, habilidade e inteligência não valerão de nada se os missionários não forem, eles mesmos, discípulos em crescimento. Portanto, permanecer em Cristo é um aspecto crítico que permeia todo o processo da Tarefa Missionária.

QUANDO O PROCESSO FUNCIONA

NO CASO DA FAMÍLIA KRAMER, eles provavelmente eram as pessoas certas e possivelmente estariam no lugar certo, se tivessem encontrado uma solução para o problema auditivo de Mike. Porém, o momento em que foram enviados ao campo não era a hora certa. Seu entendimento falho sobre a Tarefa Missionária e sobre os requisitos necessários para se envolver com o campo de forma adequada, junto com a dificuldade da filha em se ajustar à nova vida, minaram substancialmente a eficácia deles no campo. Em contrapartida, é interessante analisarmos um caso em que um grupo que enviou missionários tinha uma compreensão mais plena da Tarefa Missionária e, graças a esse entendimento, os missionários conseguiram ter uma presença efetiva e servir como testemunhas eficazes do evangelho por um longo tempo.

A ilha de Cuba é conhecida por suas faculdades de medicina e pela qualidade de seus médicos. Além disso, nas últimas décadas, milhares de médicos cubanos, altamente qualificados, foram para outros países após concluírem sua formação, e muitos países enviam estudantes a Cuba para estudar medicina.

Em anos recentes, as igrejas batistas em Cuba têm treinado e enviado missionários transculturais de suas igrejas locais para levar o evangelho às pessoas e aos lugares na América Latina mais inalcançados pelo evangelho. Vários desses missionários são médicos que responderam ao chamado de Deus para deixar Cuba e servir e compartilhar o evangelho em outros países.

Um casal cubano, Raymón e Yolanda García,* mudou-se para a Colômbia para se juntar a uma equipe missionária da IMB em uma cidade que fazia fronteira com uma reserva indígena. Embora os missionários norte-americanos morassem próximo à reserva, os funcionários do governo não permitiam que eles entrassem no local. Porém, quando as autoridades souberam que um médico cubano tinha chegado à cidade, levaram uma proposta ao Dr. García. Um funcionário da área da saúde perguntou ao Dr. García se ele poderia ajudar a treinar profissionais de saúde que viviam em 22 aldeias indígenas da reserva. O missionário cubano, por ser médico, teria pleno acesso a cada uma das aldeias para treinar os profissionais que ocupavam os postos de saúde indígenas. O funcionário sabia que o Dr. García era um missionário, porque os García estavam na Colômbia com vistos de missionários, mas queria aproveitar as habilidades daquele médico cubano e sua disposição para entrar nas aldeias onde os próprios médicos colombianos não queriam trabalhar.

Como a equipe missionária que acolheu os García compreendia as dificuldades locais, que envolviam questões políticas e de segurança, foram capazes de desenvolver estratégias não apenas para obter acesso a aldeias isoladas, mas também para dar credibilidade à presença do missionário por meio de sua atuação na área médica. Esse acesso recorrente gerou a oportunidade de compartilhar o evangelho e acompanhar os novos convertidos em discipulado. Nesse caso, as pessoas certas estavam no lugar certo na hora certa por três razões importantes. Primeira: os missionários cubanos já vinham de uma cultura similar e já falavam a língua local, o espanhol. Segunda: a formação médica dos García lhes deu acesso a um local que era, anteriormente, inacessível. Terceira: era a hora certa, porque os funcionários do governo reconheceram a necessidade desses serviços de saúde; também porque os missionários conseguiram vistos que lhes permitiram residir no país. Todos esses fatores contribuíram para que os missionários cubanos fossem capazes de abraçar plenamente a Tarefa Missionária entre povos não alcançados, e facilitaram o caminho para que outros se juntassem à obra que eles começaram a desenvolver.

Um ponto-chave para solidificar a presença missionária em um campo é compreender plenamente como é, de fato, a rotina ministerial de um missionário. Por isso, a igreja, a quem Cristo ordenou a Grande Comissão, deve ter uma compreensão clara da Tarefa Missionária.

Começamos este livro com o último dos *Oito passos no processo contínuo de missões*, porque devemos ser claros quanto ao nosso objetivo final e ao que esperamos realizar quando o alcançarmos. O processo dos *Oito Passos* é uma maneira de se construir uma ponte da igreja local para o campo missionário. Uma vez que esclarecemos o nosso destino, podemos, então, analisar cada passo do caminho que nos levará até lá. O próximo capítulo deste livro falará sobre como o pastor local é importante na missão de motivar a igreja local para que abrace a Grande Comissão.

2

O pastor local

A expansão da visão da igreja local

S OFIA* É UMA MOBILIZADORA DE MISSÕES em sua igreja local. Há vários anos, ela descobriu o mundo das missões quando um missionário transcultural que servia em sua cidade, na América Latina, a discipulou. Enquanto mergulhava nas Escrituras, ela ficou profundamente impressionada com Atos 1:8: "e serão minhas testemunhas em Jerusalém, em toda a Judeia e Samaria, e até os confins da terra". O amor de Sofia por Jesus e seu desejo de ver multidões de todas as nações adorando a Cristo se tornaram o foco de sua vida.

Porém, naquela época, o pastor de sua igreja tinha um interesse maior em plantar igrejas-satélite em redor da cidade. O pastor Alejandro* tinha a visão de alcançar sua cidade para Cristo, nada além disso; naturalmente, não pensava em alcançar as nações. Como o único pastor da igreja, passava a maior parte do tempo pastoreando seu rebanho e liderando ministérios locais que poderiam resultar na plantação de novas igrejas-satélite. Ele não tinha tempo ou energia para se dedicar a muito mais que isso. Apesar de Sofia apoiar a visão do pastor, envolvendo-se no evangelismo e serviço à comunidade, ela também sentia que a igreja não estava obedecendo totalmente à Grande Comissão, e certamente não estava se preocupando com as pessoas fora de sua cidade que não tinham ninguém que lhes testemunhasse sobre o evangelho.

Quando ela disse ao pastor que sentiu o chamado de Deus para levar o evangelho aos perdidos do sul da Ásia, ele se mostrou resistente. Sofia tinha feito um curso de teologia e até estabeleceu contato com uma agência missionária. Mas, embora o pastor Alejandro tivesse finalmente concordado com a ideia de ela ir para o sul da Ásia, ele disse que a igreja não lhe ofereceria sustento financeiro, pois seu desejo de servir em outro país não se encaixava no plano ministerial da igreja. No fim das contas, ela conseguiu o apoio de amigos, familiares e outras igrejas e se mudou para o sul da Ásia, onde se juntou a uma equipe missionária já estabelecida.

Quando ela escreveu para os membros de sua igreja para compartilhar com eles o que Deus estava fazendo entre os hindus no sul da Ásia, alguns manifestaram não entender por que ela estava lá, se tantas pessoas em sua própria cidade ainda não tinham ouvido o evangelho. Por fim, o apoio financeiro de Sofia diminuiu e a equipe com a qual estava servindo a mandou para casa para angariar mais apoio financeiro para que pudesse voltar. De volta à América Latina, ela deu testemunho de como Deus a tinha usado para alcançar muitos homens, mulheres e famílias, compartilhando o evangelho com eles. Mas, mesmo assim, sua igreja e seu pastor continuaram sem lhe dar muito apoio, e ela não conseguiu levantar os fundos de que precisava para voltar ao campo. Um ministério que havia sido frutífero no sul da Ásia parecia ter chegado ao fim. Um colega missionário, no entanto, sugeriu que talvez Deus tivesse planos diferentes para ela. Talvez o fato de ter retornado ao seu país de origem tivesse sido para mobilizar a igreja, para que enviasse muito mais missionários para serem luz entre os perdidos no sul da Ásia.

Quando ela compartilhou isso com sua amiga Daniela,* que também tinha uma paixão por missões internacionais, elas decidiram começar a orar para que todos os pastores e igrejas de sua cidade se tornassem igrejas engajadas na Grande Comissão. Elas oraram para que, quando os pastores dessas igrejas locais lessem a Bíblia, enxergassem a Grande Comissão ao longo de todas as Escrituras e começassem a mobilizar suas igrejas para alcançar os não alcançados, tanto em sua cidade quanto no exterior.

Sofia passou a frequentar a igreja local de Daniela, liderada pelo pastor Mateo.* Nessa igreja, a declaração de missão da igreja era "formar gerações de crentes que causem um impacto na cidade e no mundo com a poderosa Palavra do evangelho de Jesus Cristo", porém o pastor Mateo era muito parecido com outros pastores daquela região — a maioria estava ocupada e sobrecarregada com ministérios locais, em vez de se concentrar em enviar missionários para as nações. Além disso, quando Sofia e Daniela perguntaram ao pastor Mateo se ele as deixaria montar um comitê de missões na igreja para promover missões transculturais, ele recusou e apenas permitiu que realizassem um evento para falar sobre missões. Em vez de criticar a liderança da igreja, as duas mulheres continuaram a apoiar a visão do pastor e os ministérios sob sua liderança, enquanto oravam para que Deus abrisse o coração dele para pensar nas nações não alcançadas.

Eventualmente, Daniela e Sofia convidaram o pastor Mateo para participar com elas de uma conferência internacional de missões, e ele aceitou. Elas pagaram a inscrição dele e oraram para que o Senhor abrisse seus olhos para enxergar o quanto as nações eram importantes para Deus. Deus finalmente respondeu à oração delas: na conferência, o Senhor moveu o coração do pastor Mateo, despertando nele a compaixão pelas bilhões de pessoas não alcançadas em todo o mundo. Desde então, o pastor Mateo tem liderado sua igreja em uma estratégia de missões ao estilo de Atos 1:8, que inclui o ministério local, nacional e internacional.

O PASTOR É A PORTA DE ENTRADA DA IGREJA

A HISTÓRIA DE SOFIA NÃO É INCOMUM. Se o pastor não tiver a visão da Grande Comissão de "fazer discípulos de todas as nações", sua igreja também não terá. Em nossa experiência com diversos parceiros de vários países, frequentemente somos abordados por indivíduos que consideram sair de suas igrejas devido à falta de apoio por parte dos pastores em relação ao desejo e à vocação de servir em missões internacionais. Muitas vezes, pastores e líderes de igreja se concentram principalmente em fazer crescer seu próprio rebanho, e talvez até mesmo sua influência na comunidade, em vez de agir pelo crescimento do reino de Deus. Sofia e Daniela confiaram no Senhor para transformar o pastor e a igreja por meio de Sua Palavra e da obra do Espírito Santo. Elas oraram fervorosamente pelo pastor Mateo e continuaram a usar seus dons nos ministérios da igreja local até que o pastor estivesse pronto para liderar sua igreja em uma perspectiva plenamente missional.

Mas nem todo mundo tem uma experiência assim. Deus confiou aos pastores a saúde e o crescimento de seu rebanho. Pedro, em sua primeira epístola, exorta os líderes das igrejas, dizendo: "Pastoreiem o rebanho de Deus que está aos seus cuidados. Olhem por ele, não por obrigação, mas de livre vontade, como Deus quer. Não façam isso por ganância, mas com o desejo de servir. Não ajam como dominadores dos que lhes foram confiados, mas como exemplos para o rebanho" (1 Pedro 5:2-3). É uma responsabilidade enorme ensinar a sã doutrina e conduzir uma congregação à maturidade espiritual. Todo pastor deseja sinceramente fazer a vontade de Deus e conduzir seu povo a ser transformado à imagem de Cristo e a se tornar luz em meio à comunidade.

Por outro lado, todo pastor, como o pastor Alejandro e o pastor Mateo, é ocupado e carrega fardos pesados. Tanto nos Estados Unidos como em todo o mundo, muitas igrejas são lideradas por um único pastor, que é a única pessoa que trabalha na igreja de maneira profissional. Também acontece com frequência de esses pastores serem bivocacionais. Espera-se que eles elaborem toda semana pregações interessantes e que prendam a atenção dos ouvintes. Eles visitam os enfermos e aqueles que são sozinhos. Consolam famílias em funerais e compartilham de sua alegria quando celebram casamentos. Eles ajudam a resolver disputas conjugais e aconselham pais e adolescentes que estão em conflito. Até mesmo os pastores mais qualificados e piedosos têm responsabilidades pesadas e precisam do apoio e encorajamento dos membros da congregação. Além de tudo isso, em tudo o que fizerem, devem servir de exemplo para os membros da igreja. Todas essas coisas somadas já são um fardo pesado para carregar.

RAZÕES PARA A RELUTÂNCIA

TENDO EM VISTA OS MUITOS AFAZERES que agem como empecilhos para que abracem a visão da Grande Comissão, podemos perguntar: quais são as principais preocupações que surgem quando pensam em enviar os próprios membros como missionários internacionais? Quando fazemos essa pergunta a pastores, missionários e membros de igrejas durante as consultorias, as respostas geralmente são as mesmas. Seguem abaixo as dez principais razões que ouvimos dos pastores, pelas quais eles não enviam missionários transculturais:

- Se eu enviar missionários, perderei os melhores membros da minha igreja.
- Se eu enviar missionários, isso nos custará dinheiro, e a igreja mal dá o suficiente para sustentar a mim [o pastor] e aos ministérios da igreja.
- Quero alcançar nossa comunidade local e trazer mais pessoas para a nossa igreja.
- Devo proteger minha posição de liderança. Não posso deixar que outras pessoas ditem a direção que minha igreja deve seguir.
- Não sei como treinar missionários transculturais, porque minha igreja é monocultural.
- Eu sou o único pastor aqui. Não tenho tempo e energia para iniciar ministérios internacionais.
- Os membros daqui sequer estão envolvidos no ministério local.

- Outros pastores da região também não estão fazendo missões internacionais.
- E se eu enviar missionários e eles falharem?
- Eu não confio em instituições missionárias.

Como os membros da igreja podem ajudar seus pastores a responderem a esses questionamentos? Um cristão que se sente chamado para servir as nações deve deixar sua igreja local se o pastor não tiver uma estratégia de ministério internacional? Como Sofia poderia ter apoiado melhor seu primeiro pastor e o ajudado a desenvolver uma visão que incluísse as nações antes de ir para o sul da Ásia, de forma que seu ministério internacional fosse uma extensão do ministério de sua igreja local? Como os membros de igrejas podem apoiar e encorajar melhor seus pastores?

A BASE MISSIONAL DA BÍBLIA

A MANEIRA MAIS EFICAZ para uma igreja se tornar missional é o pastor pregar a Bíblia e ensinar o seu rebanho a ter uma visão bíblica de como Deus Se importa com as nações e a agir de acordo com essa visão. A Bíblia é a revelação que Deus nos deu de Seu plano e de Seu carácter. O tema do amor de Deus pelas nações permeia, de maneira contínua e coesa, tanto o Antigo quanto o Novo Testamento. A primeira menção do plano redentor de Deus para todas as nações aparece em Gênesis 3:15, quando, após a queda, Deus amaldiçoa a serpente que Satanás encarnou e diz: "Porei inimizade entre você e a mulher, entre a sua descendência e o descendente dela; este lhe ferirá a cabeça, e você lhe ferirá o calcanhar". O plano de Deus desde o início era resgatar o homem dos planos malignos de Satanás por meio de um descendente de Eva.

Em seguida, em Gênesis 12:1-3, vemos claramente o plano de Deus de atrair todas as nações para Si no chamado de Abrão. O Senhor lhe disse:

Saia da sua terra,
do meio dos seus parentes

e da casa de seu pai,
e vá para a terra que eu lhe mostrarei.
Farei de você um grande povo,
e o abençoarei.
Tornarei famoso o seu nome,
e você será uma bênção.
Abençoarei os que o abençoarem,
e amaldiçoarei os que o amaldiçoarem;
e por meio de você
todos os povos da terra serão abençoados.

Vemos a mesma promessa a Abrão, agora chamado Abraão, novamente em Gênesis 22, quando Deus o testa. No versículo 18, Deus diz: "e, por meio dela, todos povos da terra serão abençoados, porque você me obedeceu".

Os Salmos estão repletos de proclamações do amor de Deus pelas nações. O Salmo 96:1-3 proclama:

Cantem ao Senhor um novo cântico;
cantem ao Senhor, todos os habitantes da terra!
Cantem ao Senhor, bendigam o seu nome;
cada dia proclamem a sua salvação!
Anunciem a sua glória entre as nações,
seus feitos maravilhosos entre todos os povos!

Os profetas também foram inspirados a proclamar às nações que se preparassem para a libertação de Deus. Por exemplo, Isaías 49:5-6 diz:

E agora o Senhor diz,
aquele que me formou no ventre para ser o seu servo
para trazer de volta Jacó
e reunir Israel a ele mesmo,
pois sou honrado aos olhos do Senhor,
e o meu Deus tem sido a minha força;
ele diz:

"É coisa pequena demais para você ser meu servo
para restaurar as tribos de Jacó
e trazer de volta aqueles de Israel que eu guardei.
Também farei de você uma luz para os gentios,
para que você leve a minha salvação até aos confins da terra".

No Novo Testamento, evidentemente, a igreja recebeu o mandato da Grande Comissão diretamente do nosso Senhor Jesus Cristo. Todos os quatro evangelhos e o livro de Atos registram ocasiões em que Jesus ordenou Seus seguidores que fizessem discípulos de todas as nações pelo poder do Espírito Santo. (Ver Mateus 28:18-20, Marcos 16:14-16, Lucas 24:46-49, João 20:21-23 e Atos 1:8.)

Em Atos 2, vemos essa promessa cumprida quando o Espírito Santo desce sobre os judeus de "todas as nações debaixo do céu", os quais ouviram os magníficos feitos de Deus, cada um em sua própria língua. Em Atos 8, quando a perseguição faz os cristãos se dispersarem, eles levam o evangelho a Samaria. Ali, Filipe compartilha o evangelho com o eunuco etíope, que se torna o primeiro gentio batizado.

Em Atos 10, Deus usa uma visão revelada a Pedro, que, pregando pela primeira vez a um grupo de gentios, explicou-lhes: "Deus não trata as pessoas com parcialidade, mas de todas as nações aceita todo aquele que o teme e faz o que é justo. Vocês conhecem a mensagem enviada por Deus ao povo de Israel, que fala das boas novas de paz por meio de Jesus Cristo, Senhor de todos" (Atos 10:34-36).

Então, em Atos 13:1-3, vemos a igreja em Antioquia — uma igreja multiétnica — adorando juntos a Deus. O Espírito Santo orienta a igreja a separar Saulo e Barnabé para serem enviados como missionários.

E a história continua por um longo tempo, até que "este evangelho do Reino será pregado em todo o mundo como testemunho a todas as nações, e então virá o fim" (Mateus 24:14). Como cristãos, portanto, temos um mandato bíblico não apenas de fazer discípulos de todas as nações, mas de fazer discípulos que fazem discípulos. Como Paulo instruiu Timóteo: "E as coisas que me ouviu dizer na presença de muitas testemunhas, confie a homens fiéis que sejam também capazes de ensinar a outros" (2 Timóteo 2:2).

Os *Oito Passos* não são um estudo bíblico exaustivo sobre o foco missional da Palavra de Deus. Há muitos livros e artigos já escritos que ajudam o leitor a identificar o plano missional de Deus de Gênesis ao Apocalipse. O ponto é que a Bíblia revela que, desde antes da fundação do mundo, já era o plano de Deus prover uma forma de trazer a humanidade pecadora a um relacionamento com Ele, que é um Deus santo. Ele não estava apenas salvando a nação de Israel para Si mesmo, mas abrindo um caminho para que todos os que nEle cressem, incluindo os gentios, tivessem a vida eterna (João 3:16).

A visão de João em Apocalipse 7:9, que revela como é o céu, inclui pessoas de todas as nações: "Depois disso olhei, e diante de mim estava uma grande multidão que ninguém podia contar, de todas as nações, tribos, povos e línguas, de pé, diante do trono e do Cordeiro [...]". Sendo assim, sabemos que é essencial para a igreja e para cada cristão estar envolvido em fazer discípulos de todas as nações.

O pastor tem a responsabilidade de ensinar a Palavra à sua congregação. Se ele pregar toda a história contada na Bíblia, a missão de Deus será vista em cada sermão, em cada estudo bíblico, em cada atividade da igreja. Quando o pastor ensina fielmente toda a Palavra de Deus à sua congregação, apresentando a visão do amor de Deus pelas nações, os membros são mobilizados para o ministério e para as missões, e a igreja cresce. Deus proverá os recursos necessários para cumprir a Sua vontade.

Em Efésios 4:11-13, Paulo explica esse princípio à igreja de Éfeso: "E ele designou alguns para apóstolos, outros para profetas, outros para evangelistas, e outros para pastores e mestres, com o fim de preparar os santos para a obra do ministério, para que o corpo de Cristo seja edificado, até que todos alcancemos a unidade da fé e do conhecimento do Filho de Deus, e cheguemos à maturidade, atingindo a medida da plenitude de Cristo". Quando capacita os santos a usarem seus dons espirituais para os ministérios da igreja, Deus levanta missionários que vão a campo, e levanta outros líderes para ocupar o lugar que os missionários deixaram na igreja local. Ele também capacita a igreja para enviar os que foram chamados. Quando o pastor conduz a igreja a abraçar plenamente a Grande Comissão, ela também é mobilizada a se juntar ao pastor no serviço à comunidade local. A Grande Comissão começa com o ministério na comunidade local e depois se expande para além dela. Dessa forma, o pastor não carrega sozinho todo o fardo do ministério, mas cada membro da igreja pode se colocar como cooperador do pastor no cumprimento da Grande Comissão. Não se pode seguir a missão de Deus sem depender de Sua provisão e de Sua fidelidade.

O pastor perderá alguns de seus discípulos mais ativos e fiéis para as missões e outros ministérios? Com certeza. Esse é o objetivo de 2 Timóteo 2:1-3. Há um preço a se pagar quando se está envolvido na missão de Deus. Há um sacrifício a ser feito. Porém, se fizermos esses sacrifícios em obediência à Grande Comissão, Deus nos abençoará e multiplicará por amor a Seu reino.

OS RESULTADOS DA OBEDIÊNCIA

QUANDO O PASTOR MATEO VOLTOU À SUA IGREJA, depois de participar da conferência internacional de missões com Sofia e Daniela, Deus mudou seu coração. Ele queria que toda a igreja se envolvesse na proclamação do evangelho aos povos não alcançados ao redor do mundo, começando por sua comunidade e se expandindo até os confins da terra.

Agora, o pastor Mateo diz: "Se o pastor de uma igreja for mobilizado a levar o evangelho às nações, ele mobilizará toda a igreja". Trabalhando com uma estratégia de missões que segue a perspectiva de Atos 1:8, ele tem equipes que planejam missões a nível local, regional e mundial. Seus membros, como Sofia, também ajudam a mobilizar outros pastores e igrejas da mesma cidade para que trabalhem juntos a fim de alcançar as nações com o evangelho. Na verdade, esse foco na Grande Comissão trouxe crescimento para sua igreja, e a congregação agora está enviando missionários para as nações e oferecendo total apoio a eles, tanto financeiro como em oração. O pastor Mateo também mobilizou outros pastores em sua denominação para que trabalhem juntos com o objetivo de enviar e sustentar ainda mais missionários.

PROSSEGUINDO

QUANDO O PASTOR É DESPERTADO EM SEU CORAÇÃO não apenas para fazer crescer sua igreja, mas para levar o evangelho às nações, ele tem o poder de mobilizar e despertar toda a sua igreja. Ele pode explicar de formas simples como toda a igreja pode se envolver na missão de Deus. Essencialmente, ele estará ajudando sua igreja a abraçar o amor de Deus pelas nações.

Ao longo de nossa experiência, oferecendo consultorias sobre os *Oito passos no processo contínuo de missões*, pudemos testemunhar casos em que pastores e igrejas em situações semelhantes conseguiram desenvolver planos de ação para concretizar e aprofundar sua visão missionária. No próximo passo, veremos como um pastor pode mobilizar toda a sua igreja, desde os membros mais jovens até os mais velhos, para que se envolvam no ministério da igreja, abraçando seu papel na Grande Comissão e, ao mesmo tempo, trabalhando pelo crescimento da igreja local e do reino de Deus.

3

A mobilização da igreja

C OMO VIMOS NO PASSO UM, o pastor da igreja local é fundamental para mobilizar sua igreja para o ministério. Todo pastor deseja o melhor de Deus para sua igreja e deseja que sua congregação cresça em profundidade espiritual, no serviço à comunidade e em números. Porém, é preciso perguntar: como um pastor pode promover a visão do amor de Deus pelas nações para toda a igreja de forma que cada membro possa receber capacitação e usar seus dons espirituais para ministrar ao corpo e à comunidade?

Abaixo, vê-se um exemplo de como os pastores e presbíteros de uma igreja nos Estados Unidos capacitaram e mobilizaram todos os membros para o ministério, dos mais jovens aos mais velhos.

IGREJA BATISTA GRACE COMMUNITY: "DOS PEQUENINOS AOS MAIS VELHOS"

A IGREJA BATISTA *GRACE COMMUNITY* é uma comunidade de cerca de 150 famílias em Richmond, na Virgínia. Em seus trinta e seis anos de história, essa congregação enviou e sustentou dezenas de missionários internacionais de longo prazo por meio de várias organizações parceiras. As missões não são apenas uma parte do serviço dos membros; é o propósito deles. A igreja tem equipes missionárias ativas, locais e internacionais, que planejam ministérios e atividades durante o ano inteiro com o propósito de manter a Grande Comissão no centro de tudo o que fazem.

Todos os anos, na época do Natal, pastores e presbíteros desafiam cada pessoa da igreja a se envolver em todos os aspectos das missões. Além de contribuir com a oferta missionária anual, cada família ou indivíduo é desafiado a firmar o compromisso de cumprir estes pontos ao longo do ano seguinte:

1. Orar pela salvação de povos não alcançados ao redor do mundo e por cada missionário que foi enviado pela *Grace Community* para servir no país ou no exterior. Também se pede que os membros orem por seus vizinhos. Finalmente, a igreja desafia os membros a perguntarem ao Senhor como Ele gostaria que eles se envolvessem na missão da igreja.
2. Contribuir de forma generosa e sacrificial com todos os esforços missionários da igreja.
3. Participar de uma viagem missionária, seja servindo no centro local de apoio a mulheres com gravidez de risco, participando de um projeto de curto prazo em outro estado ou trabalhando durante o verão com outros missionários da *Grace Community* no exterior.

Os pastores lançam desafios a todos aqueles que têm condições de se envolver, desde os mais jovens até os mais velhos. Até as crianças que estão no jardim de infância aprendem que já podem orar, contribuir com sua mesada e ministrar a seus amigos, familiares e vizinhos. O membro mais velho da congregação é uma mulher chamada Sra. Kitty. Por causa da idade avançada, a Sra. Kitty não pode viajar para o exterior, mas é conhecida como a guerreira de oração mais feroz da igreja. Ela lidera um momento de oração em sua casa todas as sextas-feiras às seis da manhã. Além disso, toma café da manhã em um restaurante local várias vezes por semana para conhecer novas pessoas, compartilhar o evangelho com elas e orar por elas.

Assim, na Igreja Batista *Grace Community*, o lema é que todos, "dos pequeninos aos mais velhos", devem estar envolvidos em missões: orando, contribuindo e indo a campo, durante o ano. Esse é um bom exemplo de uma igreja inteira que é efetivamente mobilizada para missões. Todos os membros podem se envolver no envio de outros, mas Deus chamará apenas alguns para serem aqueles que, de fato, irão ao campo. Ter seus membros envolvidos no envio e no apoio às missões por meio da oração e contribuição financeira é algo que deve estar no DNA da igreja, em todas as faixas etárias, como no exemplo da *Grace Community*. A educação missionária não deve ser vista como um aditivo ao programa de treinamento da igreja. Deve estar no centro, porque é responsabilidade da igreja levar o evangelho às nações.

CAPACITANDO A IGREJA

UMA RESPONSABILIDADE FUNDAMENTAL DO PASTOR é capacitar sua congregação para que todos os crentes possam usar seus dons espirituais no serviço à igreja e aos perdidos, tanto em sua comunidade local quanto no exterior. Paulo diz à igreja de Éfeso que Cristo "designou alguns para apóstolos, outros para profetas, outros para evangelistas, e outros para pastores e mestres, com o fim de preparar os santos para a obra do ministério, para que o corpo de Cristo seja edificado" (Efésios 4:11-12). Porém, quando um pastor transmite à igreja uma visão missionária, é comum que os membros da congregação apresentem questionamentos — alguns dos quais nem todo pastor se sente à vontade para responder. Por exemplo, um membro pode abordar o pastor com a pergunta: "Como teremos condições de alocar recursos para um campo missionário em outro lugar quando há tantas pessoas perdidas em nossa área?". Nesse momento, o pastor precisa estar preparado com respostas bíblicas para ajudar esse membro a entender o papel da igreja na Grande Comissão.

Nós elaboramos a consultoria dos *Oito Passos* para capacitar pastores a responderem a essas perguntas, confiando na Palavra de Deus. Construir um alicerce sólido é imprescindível para que a igreja local abrace a visão missionária. Lucas 6:46-49 enfatizou a importância de se ter uma casa construída sobre um alicerce forte. Quando vem a enchente, a casa construída sobre a rocha permanece firme. A casa que não tem fundamento sólido é arrastada pelas águas. A passagem desafia o leitor a ser um praticante, agindo de acordo com os mandamentos das Escrituras. Quando respondemos dessa maneira, nossa casa se mantém inabalada. Portanto, uma visão missionária construída sobre a Palavra de Deus resistirá ao teste do tempo e proporcionará um fundamento sólido sobre o qual um plano e uma estratégia de missões (ver o Passo Cinco) podem ser implementados de maneira consistente e sustentável.

Há seis perguntas relevantes que um pastor deve abordar ao promover uma visão missionária em sua igreja. O pastor pode optar por pregar uma série de sermões, escrever artigos ou organizar estudos bíblicos em pequenos grupos para responder ao que chamamos de "As 6 perguntas fundamentais" sobre o envolvimento da igreja local em missões. Essas perguntas são as seguintes:

1. O que são missões?
2. Por que devemos fazer missões?
3. Quando devemos fazer missões?
4. Onde devemos fazer missões?
5. Quem deve fazer missões?
6. Como devemos fazer missões?

O que são missões? É interessante ouvir dos membros várias definições do que seria o envolvimento com "missões". Geralmente são mencionadas muitas atividades importantes, sendo "compartilhar o evangelho" a resposta mais comum. Na verdade, as missões formam um grande guarda-chuva que pode abranger o auxílio humanitário em situações de desastres naturais, trabalhos voltados a necessidades humanas e desenvolvimento humano, atividades de serviço na área médica, agrícola ou educacional. No entanto, todas essas atividades, quando realizadas sem a proclamação do evangelho, não se encaixam no conceito bíblico de missões. Quando determinamos o significado de missões, devemos também considerar a diferença entre o evangelismo e discipulado que ocorrem regularmente no contexto da igreja local e o mandato bíblico de "fazer discípulos de todas as nações" — que é a Grande Comissão dada à igreja por Jesus. Mateus 24:14 nos diz que o evangelho deve ser pregado a todos os povos antes da volta do Senhor. Não cabe a nós determinar quando o Senhor voltará, mas devemos reconhecer que o mandato bíblico para a igreja é proclamar o evangelho até os confins da terra, a todos que precisam ouvir. "Missões" é o conceito que engloba tudo isso. No centro das missões está o evangelho e o ato de compartilhá-lo com todos os povos.

As missões também estão associadas às promessas de Deus, como Sua promessa de estar sempre conosco (Mateus 28). As missões, no fim das contas, culminarão com a visão de Apocalipse 7:9, que revela que a missão será bem-sucedida, pois o Senhor promete que todas as nações, povos, línguas e tribos terão representantes no céu, adorando-O.

Por que devemos fazer missões? Essa questão é particularmente importante quando há membros dentro da igreja que questionam por que uma igreja deveria focar em nações não alcançadas quando há tantas pessoas perdidas que podem ser alcançadas em uma comunidade, vila, cidade ou região. A resposta, novamente, vem das Escrituras. O mundo está perdido e sobre ele paira o julgamento (Hebreus 9:27). Deus ama o mundo e enviou Jesus para salvar a humanidade (João 3:16-17). À parte de Jesus, não há salvação (Atos 4:12, João 14:6). Atos 1:8 lança a visão missionária para além da igreja local (até os confins da terra, sem esquecer a Judeia e a Samaria). Essa passagem não define um cronograma ou nível de maturidade necessário da igreja para que ela abrace plenamente a missão, e não estabelece etapas lineares à tarefa. Romanos 10:13-15 aponta que os perdidos não ouvirão sem que haja alguém que pregue ou proclame a mensagem. Portanto, a igreja deve buscar intencionalmente a direção do Senhor para alcançar sua Jerusalém, Judeia e Samaria, e também os confins da terra (Mateus 28:16-20). A missão da igreja abrange o mundo inteiro, e como abraçar especificamente essa comissão deve ser tema de oração e discussão na igreja. O Passo Cinco, "O planejamento de missões transculturais", sugere formas excelentes pelas quais uma igreja pode traçar um plano sistemático e, assim, começar a pôr em prática uma visão missional. Buscar o Senhor em oração como um corpo de crentes é o primeiro passo fundamental.

Quando devemos fazer missões? A resposta a essa pergunta deve levar em consideração o equilíbrio entre ir a campo com uma preparação adequada e saber aproveitar a ocasião certa, bem como um senso de urgência da tarefa. Com milhares de pessoas morrendo todos os dias sem o Senhor, o tempo é um fator crítico para aqueles cuja vida pode terminar sem terem tido a chance de aceitar o evangelho. A passagem de Atos 13, na qual o Espírito Santo chama Paulo e Barnabé, nos ensina que o Senhor mostra à igreja o momento certo para enviar missionários por meio da ação do Espírito. Em João 4, Jesus desafia Seus discípulos quando interage com a mulher samaritana junto ao poço. Ele não apenas desafia o preconceito deles contra mulheres e samaritanos, como também afirma que os campos estão "maduros para a colheita" (João 4:35). Aprendemos em Lucas 19:10 que todo o propósito da vinda de Jesus é "buscar e salvar o que estava perdido". Portanto, essa tarefa também deve ser nosso propósito central. Visto que as Escrituras dão tamanha ênfase a essa missão, devemos considerar a Grande Comissão já nos estágios iniciais da plantação de uma nova igreja. Além disso, a igreja deve planejar de maneira intencional, buscando a direção do Senhor para saber que papel Ele deseja que ela assuma na missão divina que é a Grande Comissão.

Onde devemos fazer missões? A questão sobre onde devemos fazer missões deve ser respondida tendo em mente a pergunta: "Quem precisa do evangelho?". Não podemos escolher apenas os lugares que se integram facilmente à nossa própria cultura e à nossa forma de compreender o mundo. É necessário que alguns cristãos estejam dispostos a levar o evangelho a povos e lugares muito diferentes de sua realidade, a povos que vivem vidas muito diferentes, talvez até com alguns aspectos culturais ofensivos na visão do missionário. Assim, para respondermos à pergunta sobre onde devemos fazer missões, podemos começar avaliando a forma como percebemos pessoas que são diferentes de nós.

As igrejas dos Estados Unidos têm geralmente uma membresia monocultural. Nesse caso, os membros talvez não tenham a oportunidade de criar vínculos e conhecer pessoas de diferentes etnias, idiomas e países. Atos 10 é uma passagem excelente para igrejas e missionários em potencial avaliarem o nível de preconceito que possam ter em relação a outras pessoas. Em Atos 10, Pedro tem uma visão onde é questionado pelo próprio Deus e confrontado sobre seu preconceito contra gentios (especificamente, romanos e, mais especificamente, o exército romano, que ocupava sua nação). Com essa visão, Deus mostrou a Pedro que os cristãos judeus deveriam compartilhar o evangelho com os gentios — um povo que Pedro considerava impuro. Ele teve que superar essa diferença por causa do evangelho. Resultado: Cornélio e sua família creram e foram batizados. Portanto, todos devemos nos indagar sobre nossos preconceitos pessoais. Mas essa é apenas uma parte do processo de ajudar a igreja a decidir onde atuar.

Às vezes, devemos considerar onde estão as oportunidades. E perguntar: será que Deus abriu uma porta específica para o ministério, dando à igreja acesso a uma comunidade não alcançada, talvez através de alguém na igreja que tenha algum tipo de ligação com essa comunidade? Em alguns casos, pode haver uma comunidade de refugiados nos arredores da igreja, que aproveita a oportunidade para se envolver com eles, de maneira local, e com a população daquele mesmo povo no seu país de origem. Também há casos em que a igreja abraça os chamados individuais de seus membros e se une a eles em parceria, na tarefa de alcançar determinado povo ou lugar não alcançado. No Passo Cinco, lançaremos um desafio à igreja, para que comece a montar um plano para orar em comunidade pelas nações e buscar a direção do Senhor quanto ao povo ou local com o qual deve se envolver.

Quem deve fazer missões? A questão não é quem deve ser testemunha do evangelho, pois essa é uma tarefa de todos os cristãos, tendo em vista que ele "nos confiou a mensagem da reconciliação" (2 Coríntios 5:19). Em vez disso, a pergunta deve ser: a quem Deus está chamando para cruzar barreiras — geográficas, culturais, religiosas e linguísticas — para levar a mensagem do evangelho a povos e lugares não alcançados? A igreja deve usar as Escrituras para promover a visão missionária. Ela pode fazer isso por meio da pregação da Palavra, mas também com aulas e acompanhamento individual no contexto do discipulado, estudos com as crianças e experiências missionárias transculturais. O Espírito Santo pode usar a Palavra de Deus e as experiências reais no campo para despertar nas pessoas o chamado missionário. É importante que a igreja ofereça um ambiente em que isso seja possível. Os estudos bíblicos que apresentamos no Passo Quatro, "O levantamento de missionários", podem ser úteis para seguir esse esquema com missionários em potencial. O missionário é chamado por Deus e separado pela igreja para cruzar diversas barreiras e, assim, conseguir levar o evangelho aos não alcançados. Todos os crentes são chamados para serem testemunhas, mas apenas alguns são chamados para serem missionários.

Como devemos fazer missões? Quando esta pergunta está sendo feita, geralmente isso é um motivo de comemoração, pois significa que as outras perguntas já foram respondidas e os membros da igreja já estão interessados em saber o que podem fazer. O processo inteiro dos *Oito Passos* ajuda a responder a essa pergunta: como devemos concretizar a Tarefa Missionária em meio a povos e lugares não alcançados? A igreja tem um papel a cumprir, assim como cada indivíduo dentro dela. Quanto mais os membros agirem juntos, em comunidade — orando, estudando as Escrituras, buscando ao Senhor —, mais unida estará a igreja em sua visão missionária. Isso não quer dizer que todos terão as mesmas tarefas, e sim que estarão unidos em uma só mente e um só coração, sob um propósito comum, conforme escrito em Filipenses 2:1-3. Os membros da igreja devem reconhecer que todos, sem exceção, têm um chamado pessoal de cumprir a Grande Comissão. Alguns são chamados para "enviar", outros para "ir". Todos nós podemos nos envolver de imediato na parte de "enviar"; no desenrolar do processo, Deus chamará alguns de nós para ir a campo como missionários e levar o evangelho a povos e lugares não alcançados.

O pastor é uma peça-chave para promover a visão missionária na igreja, mas é crucial que cada membro abrace essa visão e aceite fazer a sua parte. A visão adotada na Igreja Batista *Grace Community*, "dos pequeninos aos mais velhos", é um modelo excelente. Quanto mais profundamente a igreja adotar a visão missionária, mais ela vai orar, contribuir e se envolver pessoalmente para realizar essa missão. Hebreus 11:6 afirma que "sem fé é impossível agradar a Deus". Esse também é o caso quando se trata de adotar uma visão missionária. Quando oramos e agimos de acordo com nossa oração, o Senhor direciona e confirma nossos passos, nos capacitando a abraçar plenamente Seu plano para a igreja, especialmente no que diz respeito ao papel de todos os membros na Grande Comissão.

4

PASSO TRÊS

O ministério local

O estabelecimento de igrejas saudáveis

À S VEZES, podemos confundir uma boa aparência externa com saúde. Isso pode acontecer facilmente mesmo com pessoas próximas de nós. A aparência externa nem sempre é um reflexo da saúde interna. Veja este relato pessoal de um dos autores:

Eu me sentia bem fisicamente. Mas um exame de saúde completo anual mostrou uma realidade bem diferente. O palpite de um médico me levou a fazer mais exames de sangue, uma ressonância magnética e, finalmente, uma biópsia que revelou a doença que todos tememos: o câncer. Fiquei em choque. Eu me sentia bem, não tinha sintomas e não conseguia entender como uma doença potencialmente catastrófica poderia estar silenciosamente presente em meu corpo. Mas o diagnóstico de câncer era categórico, e eu precisava de um tratamento específico para que a doença não se espalhasse para outras partes do meu corpo. Os médicos estabeleceram um extenso tratamento, que concluí depois de alguns meses. O tratamento foi invasivo e, em alguns momentos, doloroso. Mas agora os médicos dizem que estou saudável e totalmente livre do câncer. Não fosse pelo diagnóstico e pela minha disposição em passar pelo tratamento, o câncer poderia ter facilmente se espalhado para outras partes do meu corpo, causando um enorme estrago e podendo até resultar em doenças graves ou morte, caso não fosse controlado.

Alguém poderia perguntar: e o que isso tem a ver com o ministério local ou com igrejas saudáveis? A saúde de um igreja é como nossa saúde física: se não fizermos um exame cuidadoso, podemos deixar de perceber a situação real do corpo. E quando se trata de enviar missionários, é mais provável que uma igreja espiritualmente saudável envie missionários espiritualmente saudáveis. Da mesma forma, é mais provável que igrejas espiritualmente doentes enviem missionários espiritualmente doentes. Um missionário que não está espiritualmente saudável não está preparado para os desafios das missões transculturais, podendo ter dificuldade em enfrentar os obstáculos que surgem, e raramente permanece muito tempo no campo.

A Igreja Lighthouse* na Ásia experimentou um crescimento constante desde sua fundação, em meados da década de 1990. Essa igreja tinha muitos jovens e adolescentes com talento musical, que davam ao momento de louvor um tom profissional, alegre e estimulante. Entre os que vinham aos cultos, havia pessoas que falavam diversas línguas, então a igreja providenciou intérpretes para traduzirem ao vivo as pregações. Reconhecendo a necessidade de fazer um discipulado pessoal e mais profundo, a igreja também formou grupos de discipulado em toda a cidade, que contava cerca de 1 milhão de habitantes. Esses grupos se reuniam em casas, restaurantes e cafés, e eram bastante frequentados. Uma vez por mês, no domingo à tarde, o pastor sênior se reunia com os líderes dos pequenos grupos para lhes dar treinamento, repassando os materiais de estudo bíblico que seriam usados nas quatro semanas seguintes. Esses grupos tinham ministérios de oração muito ativos e, durante as suas reuniões, dedicavam boa parte do tempo a orar e ministrar às necessidades dos membros.

Fomos convidados para dar consultoria aos líderes desses pequenos grupos da cidade (cerca de cinquenta pessoas) sobre os princípios da liderança que serve, dinâmicas de pequeno grupo e discipulado transformador. Usamos uma ferramenta de análise adaptada do processo de mapeamento dos Círculos de Igreja, presente nos *Quatro Campos de Crescimento do Reino*,[5] para coletar desses líderes informações que poderiam ser úteis para avaliar o estado de saúde da igreja. Os resultados foram impressionantes.

A avaliação pedia aos participantes que revisassem Atos 2 e outras passagens das Escrituras que descreviam a igreja primitiva, observando suas características conforme ela se estabelecia. Os participantes foram então convidados a procurar essas características em sua própria igreja. Além disso, o grupo analisou as "12 características de uma igreja saudável",[6] momento em que os líderes dos pequenos grupos realizaram avaliações individuais. A pesquisa com esses cinquenta líderes revelou várias características que eles consideravam fortes em sua igreja, como adoração, oração, ofertas e comunhão. No entanto, a pregação bíblica e o discipulado receberam notas mais baixas e foram citadas como as áreas que mais precisavam ser trabalhadas. Esses resultados foram surpreendentes para o pastor e para nós, como equipe de consultoria. Achávamos que o discipulado e a pregação estariam entre os pontos fortes daquela igreja.

Mas, apesar de ter identificado o problema, a avaliação não revelava o motivo do problema. O pastor dedicava tempo considerável na preparação

5. SHANK, Nathan; SHANK, Kari. *Four Fields of Kingdom Growth: Starting and Releasing Healthy Churches* (Os quatro campos do crescimento do reino: como iniciar e estabelecer igrejas saudáveis). 2007, rev. 2014. Disponível em: https://static1.squarespace.com/static/588ada483a0411af1ab3e7ca/t/58a40ef11b631bcbd49c88c0/1487146760589/4-Fields-Nathan-Shank-2014.pdf.

6. "12 características de uma igreja saudável". *In: Fundamentos*, p. 13, 80-83.

de suas pregações, fazendo referência a comentários bíblicos e orando pelos assuntos em que a igreja estava mais necessitada. Ele também passava muito tempo preparando as lições para os líderes dos pequenos grupos, provendo-lhes o conteúdo necessário para liderarem bem seus respectivos grupos. Organizamos uma reunião de acompanhamento com os líderes de pequenos grupos para perguntar por que essas duas áreas foram apontadas como problemáticas. Eles reconheciam que as pregações do pastor eram bíblicas, então o conteúdo não era o problema. Porém, nossa conversa revelou que, muitas vezes, as pregações eram acadêmicas demais para os membros da igreja, especialmente para os recém-convertidos.

Os membros tinham dificuldade de entender os conceitos passados e não conseguiam fazer a ligação deles com sua vida cotidiana. Muitos eram crentes de primeira geração, que ainda carregavam um pouco da bagagem de sua vida pregressa, antes de conhecerem a Cristo. Muitos tinham sido criados nas religiões asiáticas tradicionais desde o nascimento e enfrentavam perseguição dentro da própria família. Essas pessoas tinham poucas informações sobre como lidar com essas questões familiares. Os líderes de pequenos grupos expressaram com sinceridade que a igreja precisava ouvir pregações que falassem sobre o conflito de cosmovisões: a cosmovisão cristã e as várias cosmovisões asiáticas em que haviam sido criados. Por exemplo, um líder mencionou a necessidade de entender como a Bíblia aborda a questão de uma cultura baseada no binômio honra/ desonra, tão característica da sociedade em que estavam inseridos. Outra questão era como poderiam entender melhor o sacrifício de Jesus em contraste com o sistema sacrificial em templos que permeia as crenças locais. Eles precisavam ter a doutrina bíblica aplicada diretamente à sua vida cotidiana, para que pudessem entender as respostas a essas perguntas tão profundas e problemáticas.

Essa iniciativa fez com que o pastor mudasse sua abordagem. Ele fez uma série de pregações sobre algumas dessas questões culturais e aproveitou a oportunidade para ensinar sobre a cultura bíblica, contrastando-a com os falsos ensinamentos em voga. Os pequenos grupos se tornaram, então, espaços acolhedores, onde as pessoas podiam fazer perguntas sobre a pregação e pedir que os líderes explicassem melhor as questões que haviam gerado dúvida. Os resultados da avaliação seguinte, seis meses depois, foram bem diferentes. O que inicialmente foi citado como uma fraqueza da igreja se tornou um ponto forte. O pastor adaptou a forma como pregava e ensinava para ser mais relevante na vida cotidiana dos membros, deixando o discurso teológico mais acadêmico que antes incomodava a congregação.

12 CARACTERÍSTICAS DE UMA IGREJA SAUDÁVEL

DEVEMOS LEMBRAR que as aparências nem sempre refletem a realidade ou, no caso da igreja local, nem sempre refletem a saúde da igreja segundo padrões bíblicos. Muitas vezes, as megaigrejas ou igrejas com cultos bem modernizados são usadas como parâmetro para avaliar a saúde da igreja, como se representassem o modelo que deve ser seguido. Quando avaliamos o modelo bíblico de igreja, vemos que tamanho e estilo de culto não são os padrões corretos de avaliação.

A IMB se baseia na definição de igreja presente no documento *Fé e Mensagem Batista 2000*:

A igreja do Senhor Jesus Cristo no Novo Testamento é uma congregação local autônoma de crentes batizados, associados pelo pacto de fé e comunhão do evangelho; observando as duas ordenanças de Cristo, governada por Suas leis, exercitando os dons, direitos e privilégios investidos neles por Sua Palavra e buscando estender o evangelhos aos confins da terra. Cada congregação age sob o Senhorio de Cristo por meio de processos democráticos. Em tais congregações cada membro é responsável e presta contas a Cristo como Senhor. Seus oficiais segundo as escrituras são pastores e diáconos. Muito embora tanto homens como mulheres tenham dons para o serviço na igreja, o ofício de pastor é limitado a homens qualificados pela Escritura.

O Novo Testamento também retrata a igreja como o Corpo de Cristo, que inclui todos as pessoas redimidas de todas as épocas, cristãos de todas as tribos, línguas, povos e nações.[7]

---

7. CONVENÇÃO BATISTA DO SUL. *Fé e Mensagem Batista 2000*. Declaração de Fé. Disponível em: https://bfm.sbc.net/a-fe-e-a-mensagem-batista/. Acessado em 21 de janeiro de 2022.

A avaliação de uma igreja saudável tem um carácter mais qualitativo, baseada nas doze características descritas nos *Fundamentos*.[8] Essas doze características são:

1. *Evangelismo bíblico* (Atos 2:38)
2. *Discipulado bíblico* (Atos 2:42, Mateus 28:19-20)
3. *Pregação e ensino bíblicos* (Atos 2:42)
4. *Liderança bíblica* (Atos 2:42, 1 Timóteo 3:1-7, Tito 1:5-9)
5. *Membresia bíblica* (Atos 2:46, 1 Coríntios 12)
6. *Adoração bíblica* (Atos 2:47)
7. *Comunhão bíblica* (Atos 2:46)
8. *Oração bíblica* (Atos 2:42)
9. *Prestação de contas e disciplina bíblicas* (Atos 2:40, Mateus 18:15-17)
10. *Oferta bíblica* (Atos 2:45)
11. *Ordenanças bíblicas do batismo e da Ceia do Senhor* (Atos 2:38, 41; Mateus 26:26-29)
12. *Missão bíblica* (Mateus 28:16-20, Mateus 24:14)

Em nossas consultorias, geralmente nos referimos ao presente passo como "ministério local" ou "igreja saudável". O objetivo é focar nossa atenção na igreja local. O fundamento do reino de Deus na terra é a Sua igreja. As Escrituras dizem que "as portas do Hades não poderão vencê-la" (Mateus 16:18). Para abraçar plenamente o desafio da Grande Comissão, isto é, fazer discípulos de todas as nações, a igreja de Deus deve ser o mais saudável possível para estar preparada para essa tarefa tão maravilhosa.

Quando estudamos o conceito de ministério local, vemos que ele abrange todos os aspectos da igreja local, passando basicamente por cada uma das doze características. A liderança bíblica é necessária para conduzir a igreja e "preparar os santos para a obra do ministério, para que o corpo de Cristo seja edificado", conforme prescreve Efésios 4:12. O cristão precisa da pregação e do discipulado bíblicos para amadurecer, pois é por meio deles que consegue discernir seus dons espirituais e aprender a usá-los

---

8. "12 características de uma igreja saudável". *In: Fundamentos*, p. 80-83.

para servir a outros através da igreja local. A prestação de contas, que está interligada com a membresia e a disciplina bíblicas, é uma forma de manter a pureza da igreja, e também de evitar que falsos ensinamentos e práticas pecaminosas se infiltrem dentro do corpo, de forma a enfraquecê-lo. As ordenanças do batismo e da Ceia do Senhor servem como testemunho visível da transformação interna causada pela salvação e pela obra do Espírito Santo em nossa vida. A adoração, oração e comunhão bíblicas fortalecem o corpo de Cristo e nos preparam para enfrentarmos um mundo perdido e para nos ajudarmos uns aos outros na jornada da vida. A oferta bíblica se refere ao ato de devolver ao Senhor uma parte daquilo que Ele deu a cada um de nós. O evangelismo é uma função central da igreja, que se cumpre quando os membros se envolvem no ministério da reconciliação (2 Coríntios 5:17-19). Por fim, a missão bíblica nada mais é que assumir nosso papel na Grande Comissão. A Grande Comissão é definida e explicada em muitas passagens, mas todas deixam claro que a igreja tem responsabilidades tanto no contexto local como na missão de levar o evangelho até os confins da terra, aos que nunca ouviram.

COMEÇANDO POR NOSSA JERUSALÉM

A IGREJA LOCAL demonstra, ao mesmo tempo, sua saúde e seu nível de preparação para a Tarefa Missionária por meio do seu ministério local. Os membros da igreja devem estar usando ativamente seus dons espirituais a serviço da igreja. Se o pastor for a única pessoa na igreja que tem um ministério, os membros não têm oportunidade de ministrar uns aos outros, nem à comunidade. O discipulado básico para todas as idades está no centro dessa tarefa, que inclui o estudo e a aplicação das Escrituras. O pastor deve entender as características de uma igreja saudável e conduzir sua igreja no intuito de melhorar continuamente sua saúde. Avaliar os pontos fortes e fracos de uma igreja é um passo inicial importante para ajudar a igreja a abraçar a missão de Deus entre as nações.

Enquanto realizávamos uma consultoria dos *Oito Passos* em uma capital asiática, soubemos do desejo de uma igreja de compartilhar o evangelho com povos não alcançados em uma parte remota do país. Uma viagem de reconhecimento ao local confirmou que a maioria da população naquela região se identificava como muçulmana, embora sob a capa do Islã suas práticas diárias revelassem crenças influenciadas pelo animismo. A igreja começou a orar por esse povo e a investigar como poderia estabelecer parcerias com outros cristãos para enviar obreiros encarregados de compartilhar o evangelho naquela localidade. Eles reconheceram que a língua e a cultura daquelas pessoas eram muito diferentes das deles, e que seria preciso um grande esforço, tanto da igreja como dos missionários envolvidos na tarefa, para realizar aquela obra.

À medida que repassávamos cada um dos *Oito Passos* com esses líderes, a discussão sobre o que constitui uma igreja saudável tocou em um ponto que era sensível para vários membros do grupo, levando-os a enxergar o ministério de sua igreja de uma forma bem diferente. Eles concordaram que, para alcançar aquele povo muçulmano de uma terra distante, que Deus colocou em seus corações, seria necessário que um missionário entrasse naquele mundo e aprendesse a língua e a cultura do povo para conseguir compartilhar a mensagem do evangelho. Mas, ao estudarem os desafios do ministério e da entrada naquela cultura, também reconheceram suas limitações em compreender como conduzir o ministério entre os muçulmanos. Eles sentiram a necessidade de fazer com que os missionários em potencial passassem por uma experiência concreta de trabalho com os muçulmanos em âmbito local antes de serem enviados para uma região remota do país. Além disso, perceberam que o envolvimento local com missões geraria uma maior conscientização dos membros da igreja em relação à Tarefa Missionária, o que serviria de encorajamento para que toda a congregação também se envolvesse no ministério.

Quando nossa discussão chegou na etapa de "seleção e treinamento de missionários transculturais" (Passo Seis), o pastor do grupo se levantou de repente e declarou que agora entendia o que o Senhor estava tentando lhe dizer nas últimas semanas. Ele tinha descoberto há pouco tempo uma sala de leitura muçulmana na comunidade, não muito longe do prédio onde sua igreja se reunia. Quando perguntou quantos ali conheciam essa sala de leitura, a resposta foi que ninguém sabia de sua existência. Ele então perguntou quantos ali no grupo tinham amigos ou conhecidos muçulmanos. A resposta foi unânime — ninguém tinha amigos muçulmanos. Percebendo que havia muitos muçulmanos em seu próprio bairro, o pastor propôs que a igreja avaliasse formas de estabelecer contato com eles.

Esse fato não diminuiu seu senso de chamado para enviar missionários à região mais remota, mas demonstrou que ali mesmo, "no fundo do seu quintal", havia um campo de treinamento para futuros missionários e para a própria igreja local, pois os membros saíram para ministrar entre esses vizinhos muçulmanos. A iniciativa resultante fortaleceu a igreja local e serviu não só como forma de ministrar aos perdidos da comunidade, mas como um canal para demonstrar o amor de Deus de maneira palpável. Foi também uma oportunidade, para aqueles que se sentiam chamados a ministrar aos muçulmanos da região remota, de praticar e testar seu chamado com os muçulmanos do bairro.

Às vezes, a melhor estratégia para começar a fazer parte da Grande Comissão é fortalecer a igreja local. Não é fácil. Os líderes e membros da igreja devem estar dispostos a ser transparentes, analisar cuidadosamente os modelos que a Bíblia traça para as igrejas, e considerar, em espírito de oração, as áreas dentro da igreja em que o Senhor deseja que se fortaleçam. Às vezes, não há sinais visíveis de que a saúde da igreja não vai bem. Porém, a partir do momento que os líderes da igreja conseguem identificar as áreas que precisam ser trabalhadas, eles podem trabalhar em conjunto com os membros para desenvolver planos de ação e, assim, realizar as mudanças necessárias. Em última instância, igrejas saudáveis têm mais chances de capacitar e enviar missionários saudáveis e eficazes, enquanto igrejas doentes têm mais chances de enviar missionários com dificuldade de enfrentar os desafios do campo missionário, contribuindo para os altos índices de desistência observados em iniciativas missionárias de igrejas e agências missionárias.

Para que qualquer um dos *Oito Passos* tenha um impacto considerável no cumprimento da Grande Comissão, deve-se dar uma atenção especial ao Passo Três e à igreja local. Quando a igreja local está doente, sua eficácia nos outros passos pode ser gravemente afetada. No entanto, dedicar-se seriamente ao ministério local e à saúde da igreja pode levar uma congregação a iniciar o processo em que construirá uma ponte entre a igreja e o campo missionário, ajudando a igreja a cumprir plenamente seu papel na Grande Comissão.

PASSO QUATRO

O levantamento de missionários

A PRIMEIRA CONFERÊNCIA DE MISSÕES naquela pequena rede de igrejas de uma área rural do sudeste asiático reuniu cerca de quarenta participantes de vários grupos étnicos — todos trabalhavam como agricultores nas encostas irregulares das montanhas da região. O evangelho tinha chegado àquela área há mais de uma década e o número de conversões não parou de crescer. Os primeiros missionários focaram no discipulado e no treinamento de lideranças, um trabalho que produziu inúmeros frutos. E, embora a perseguição tenha feito dos primeiros anos um tempo difícil, ela esfriou quando as autoridades reconheceram o quanto os cristãos contribuíam para as condições econômicas e sociais da região. Os recursos governamentais disponíveis para essas comunidades eram limitados, mas o governo tinha implementado, na geração anterior, a escolarização até o quarto ano. Muitos cristãos falavam o dialeto de sua aldeia, mas agora também tinham acesso a uma tradução da Palavra de Deus na língua usada no mundo comercial e na educação formal.

Nós nos reunimos em uma casa de fazenda que estava longe de ser o prédio ideal para uma conferência de missões. Mesmo assim, os participantes estavam empolgados e havia um sentimento de que a Grande Comissão tinha sido ordenada a todo o povo de Deus, até aos humildes fazendeiros. Enquanto ouviam sobre a visão missionária, os participantes começaram a mapear os diferentes povos que viviam ali na própria comunidade. A maioria admitiu que, até então, tinha evitado se aproximar daquelas pessoas, porque falavam línguas diferentes, usavam roupas diferentes e até comiam comidas diferentes. Quando os participantes entenderam os mandamentos contidos na Grande Comissão de Mateus 28 e foram desafiados a firmar um compromisso pessoal, oraram fervorosamente, pedindo a Deus que mostrasse de que forma eles poderiam se envolver.

Poucos jovens daquele país permanecem nas áreas rurais, já que a maioria migra para centros urbanos em busca de um emprego nas fábricas ou melhores oportunidades em termos de ensino. No entanto, alguns rapazes participaram da conferência, pois ficaram na propriedade da família para ajudar os parentes idosos, que não conseguiam mais lidar com as tarefas pesadas do campo. Os participantes entenderam a Grande Comissão, com seus elementos bíblicos, e um jovem, a quem chamaremos de irmão Lee,* revelou que estava sentindo um chamado pessoal para se envolver com missões. Ele se sentiu especialmente tocado quando soube que vários povos não alcançados ou sem nenhuma presença missionária viviam em comunidades agrícolas nas montanhas do sudeste do país — comunidades semelhantes à sua, onde ele cresceu e viveu toda a sua vida. Para estabelecer um contato efetivo com essas comunidades agrícolas, seria preciso alguém que compreendesse seu modo de vida, tivesse condições de viver naquele meio rural e disposição para dedicar-se ao trabalho cotidiano nas fazendas. Essa descrição comoveu o irmão Lee. Ele sentiu que o perfil missionário explicado na reunião era uma descrição de sua própria vida, e interpretou isso como um chamado de Deus para que ele se tornasse um missionário. Os responsáveis pela conferência oraram com o irmão Lee, pedindo que a vontade do Pai fosse confirmada nos dias seguintes.

Ao amanhecer, todos estavam ansiosos pela última sessão da conferência. Durante o café da manhã, os líderes da conferência procuraram o irmão Lee, na esperança de que ele pudesse dar um testemunho aos outros participantes de como o Senhor tinha tocado seu coração quanto aos não alcançados e de como Deus estava mostrando as possíveis implicações do seu chamado. Mas ninguém conseguia encontrar o irmão Lee. Quando os organizadores perguntaram a um amigo do irmão Lee se tinha visto ele, o amigo disse que ele tinha partido naquela manhã. O irmão Lee já estava indo para as montanhas para compartilhar o evangelho com o povo não alcançado que sentiu que o Senhor havia colocado em seu coração na véspera. Todos ficaram chocados com essa notícia. A paixão do irmão Lee pelo lugar que considerava que Deus tinha escolhido para ele ofuscou seu entendimento sobre a preparação necessária para cumprir o chamado. Infelizmente, o irmão Lee não ficou muito tempo no campo missionário. Em um mês, ele estava de volta em casa.

TUDO A SEU TEMPO

QUANDO SE ESTUDA AS ESCRITURAS de maneira profunda, muitas vezes as pessoas sentem o despertar de uma paixão pelos perdidos e se sentem motivadas a deixar para trás sua própria realidade para servir a pessoas muito diferentes em uma terra distante. Porém, a paixão não basta. Alguém que sente essa paixão deve passar por certos processos que vão esclarecer seu chamado e garantir que estejam presentes todos os elementos para um serviço missionário eficaz e duradouro. Além do mais, nem sempre uma paixão pelos perdidos significa que há um chamado para as missões transculturais ou para fazer com a família uma mudança geográfica radical. Essa paixão pode ser canalizada de outras maneiras, como apoio financeiro, intercessão e atividades locais relacionadas à causa missionária. É importante que a igreja dê o devido suporte àqueles que sentem um chamado para as missões transculturais e lhes ofereça aconselhamento e orientação em todas as etapas do processo, ajudando-os a identificar as particularidades do seu chamado, assim como a melhor forma de cumpri-lo.

Ninguém poderia pensar que o irmão Lee partiria para a missão no dia seguinte. Nós, como líderes da conferência, podemos até ter comunicado de forma eficaz o quão urgente é levar o evangelho aos perdidos, especialmente aos que nunca ouviram. Mas falhamos em explicar com clareza a necessidade de passar por todo um processo para entender o chamado, definir os preparativos necessários e concluir a preparação antes de se lançar no campo das missões transculturais. A missão é, de fato, urgente, porém isso não anula a necessidade da preparação.

Muitas igrejas reconhecem que não se sentem preparadas para orientar missionários em potencial. Esse desafio se nota principalmente nas igrejas com pouca ou nenhuma experiência transcultural. No entanto, há recursos que as igrejas podem usar para oferecer apoio e encorajar os que são chamados enquanto percorrem juntos esse processo que visa compreender o chamado de Deus e identificar a melhor maneira de obedecer ao chamado. Nenhum missionário em potencial, solteiro ou casado, deveria passar por essa experiência sozinho, e sim em comunidade, o que dá à igreja a oportunidade de usar sua força para servir a esses membros no processo de compreender o seu chamado.

OS MISSIONÁRIOS VÊM DA PRÓPRIA IGREJA LOCAL

AS IGREJAS PODEM levantar missionários intencionalmente. Quando os pastores promovem uma visão fundamentada na Grande Comissão e oferecem oportunidades de serviço e ministério, o Senhor vai chamando alguns membros para deixar sua área geográfica e buscar alcançar os perdidos em outros locais. As igrejas devem encorajar aqueles que têm interesse em explorar melhor seus dons e seu chamado missionário. A melhor forma de fazer isso é por meio de acompanhamento pessoal e estudo das Escrituras, no intuito de melhor entender o chamado missionário. Também é necessário entender a Tarefa Missionária (cf. o Passo Oito), os requisitos para cada função dentro das missões e qual função é mais compatível com a preparação e os dons de determinado membro.

É importante lembrar que a Palavra de Deus estabelece uma base bíblica para as missões. Estudar essa base é essencial para que cada um entenda seu chamado e saiba calcular o custo de segui-lo, assim como se preparar para todos os desafios adiante. A consultoria dos *Oito Passos* traz cinco esboços de estudos bíblicos pensados para ajudar o missionário nesse processo. Toda essa preparação é de grande ajuda na fase de confirmação dos candidatos, pois os líderes, tendo-os acompanhado de perto ao longo dessas etapas, conhecerão bem as características particulares de cada um e serão capazes de direcioná-los da maneira mais adequada.

Esses cinco estudos bíblicos (ver Apêndice) servem como guia para que o candidato, num esforço conjunto com sua comunidade local, analise aspectos-chave do serviço missionário. Por mais que não tenham sido elaborados visando necessariamente um público exclusivo de missionários, os tópicos desses estudos foram pensados para gerar uma reflexão cuidadosa, em espírito de oração, das implicações do serviço missionário e como ele pode impactar vários aspectos da vida do missionário, como relações familiares, conforto, dentre outros. Os tópicos são os seguintes:

- O chamado missionário
- O mandamento das missões transculturais
- O carácter do missionário
- A vida do missionário
- O trabalho do missionário

O chamado missionário. Como Andrew Tuttle explica em seu livro *God's Call to Ministry*[9] (O chamado de Deus para o ministério), o chamado

---

9. TUTTLE, Andrew. *God's Call to Ministry* (O chamado de Deus para o ministério). Tese (Doutorado) — Programa de Doutorado em Ministério (DMin), California Graduate School of Theology, 1987.

missionário transcultural não se dá em um único momento, mas, na verdade, se desenrola em vários chamados progressivos. Muitas vezes, quando as pessoas passam por uma experiência que gera uma empolgação espiritual (como aconteceu com o irmão Lee quando fez as malas e partiu para as montanhas), elas acham que o chamado mais profundo e fundamental para suas vidas é o chamado missionário. No primeiro estudo bíblico, enfatizamos que o chamado mais profundo e fundamental é cumprir o propósito que o Senhor tem para a vida daquela pessoa. Se servir no exterior faz parte desse propósito, então nosso desejo é confirmar e celebrar esse direcionamento. Por outro lado, se o chamado é ter um trabalho secular e servir na igreja local, sendo sal e luz para os perdidos em sua comunidade, também devemos celebrar isso com a mesma alegria.

Por isso, esse primeiro estudo bíblico trata de sete tipos de chamado em áreas diferentes da vida, a começar pelo chamado inicial — o chamado para a salvação. No estudo, examinamos algumas passagens-chave, como Romanos 3:23, Romanos 6:23, João 3:16-17 e João 1:12, que levam os leitores a refletirem e afirmarem sua condição diante do Senhor, confirmando que vieram até Ele em arrependimento e fé, como o apóstolo Paulo fala em Romanos 10:9-10. Já houve épocas em que missionários sequer chegavam a indagar sobre sua própria salvação, mas esse é um ponto que deve ser confirmado antes de passar ao exame do chamado missionário transcultural. Independentemente de um candidato concretizar ou não seus planos de atuar como missionário no exterior, examinar esse ponto-chave é crucial.

O segundo tipo de chamado diz respeito à compreensão do papel que o cristão desempenha no plano de Deus de reconciliar a humanidade Consigo (2 Coríntios 5:17-19). Nós temos o papel de trazer outros a Cristo, para que eles próprios também possam ser reconciliados com o Senhor. É Ele quem opera a transformação, mas conferiu a Seu povo — Sua igreja — um ministério de reconciliação face a um mundo perdido. Antes de considerar o envolvimento em missões em meio a outras culturas, é necessário reconhecer a oportunidade e a responsabilidade de ser sal e luz para as nações que já estão acessíveis na comunidade local (Mateus 5:13-14), o que é um cumprimento do ministério da reconciliação mencionado em 2

Coríntios. Em alguns casos, será preciso desafiar o candidato a se envolver no ministério local; essa experiência pode revelar que ele ainda precisa ser treinado e capacitado para conseguir falar sobre Cristo de maneira eficaz com qualquer pessoa que o Senhor coloque em seu caminho. Quando os estudos bíblicos forem realizados em comunidade, a igreja deve estar preparada para prontamente oferecer treinamento e acompanhamento para que cada membro seja capaz de testemunhar do evangelho.

O terceiro tipo de chamado é o serviço na igreja local. As Escrituras nos dizem que o Senhor capacita cada um de Seus filhos com dons espirituais. É responsabilidade da liderança da igreja ajudar os membros a descobrirem seus dons espirituais e identificarem maneiras de usar esses dons no serviço da igreja local (Romanos 12:1-8, 1 Coríntios 12:1-31). Essa lição será como um desafio para que os líderes da igreja cumpram sua responsabilidade de capacitar os santos (Efésios 4:11-13). Isso pode levar tempo, pois, durante o processo, cada um vai testar a si mesmo em vários ministérios, para descobrir seus dons; mesmo assim, todos devem compreender claramente que Deus os criou para servir. O estudo dos dons espirituais mencionados nas Escrituras pode mostrar as maneiras mais construtivas de se confirmar e pôr em prática esses dons no serviço a outros, por meio da igreja local.

Esses três primeiros chamados são importantes para todo cristão. O estudo em comunidade pode ser edificante para qualquer novo convertido; de fato, para qualquer um que esteja buscando entender mais sobre como pode servir ao Senhor em obediência e fé.

Quando analisamos o quarto tipo de chamado, o chamado missionário transcultural, passamos a estudar um chamado mais específico que o Senhor pode ter planejado para a vida de determinada pessoa. Esse chamado abarca a possibilidade de compartilhar o evangelho com um povo de outro grupo linguístico, outra etnia ou outro tipo de cultura. Também pode incluir o ato de deixar um local que lhe é familiar e confortável para adentrar um mundo diferente e desconfortável.

O chamado a missões transculturais não significa, necessariamente, um chamado para mudar de país ou sair de sua terra natal. Na verdade, na maior parte das vezes, ele pode ser cumprido na comunidade em que a pessoa já está inserida, sobretudo se for em um grande centro urbano. Incrivelmente, são poucas as igrejas locais que entendem ou percebem essa oportunidade, ainda que haja pessoas de vários povos diferentes vivendo em sua própria região. É necessário que alguém leve o evangelho a essas pessoas, para que possam ouvir e compreender. Vimos esse tipo de ministério transcultural no capítulo passado, na história do pastor que descobriu uma sala de leitura e uma comunidade muçulmana perto da própria igreja. Bastava, basicamente, atravessar a rua para encontrar uma oportunidade de ministério transcultural.

O quinto tipo de chamado é o chamado para deixar a terra natal e tudo que lhe é familiar para ir para um lugar que precisa do evangelho (Romanos 10:13-15). Efésios 4:11 especifica que o Espírito Santo chama alguns para servir como "apóstolos", isto é, "enviados". O cumprimento desse chamado requer que saiam de sua terra natal para levar o evangelho a povos e lugares não alcançados. Como ainda restam milhares de povos não alcançados, a Grande Comissão não pode ser cumprida, a menos que muitos cristãos aceitem o chamado do Senhor para se realocar (em alguns casos, com a família) para outra região, estudar a cultura e a língua do povo em foco e criar raízes naquela nova localidade, entre os não alcançados, para transmitirem um testemunho encarnacional por amor ao evangelho.

O sexto tipo de chamado é a confirmação pela igreja local (Romanos 10:11-15, Atos 13:1-3). A vida cristã foi feita para ser vivida em comunidade, e decisões de grande peso devem ser tomadas dentro dela. Estudar as lições em comunidade permite que o candidato e os demais membros da igreja façam esse importante planejamento juntos. Portanto, assim como a igreja em Antioquia, a igreja local deve assumir essa responsabilidade com seriedade. Embora Paulo e Barnabé tivessem um chamado específico do Espírito Santo, a igreja, antes de enviá-los, orou e jejuou, impondo as mãos sobre eles e orando por eles. Do mesmo modo que a igreja em Antioquia levou a sério a responsabilidade de enviar missionários, a igreja de hoje também deve fazer cumprir o processo descrito em Romanos 10:13-15.

O sétimo chamado trata de um assunto delicado em muitos meios, mas que ainda assim deve ser abordado quando é um casal que está pensando em servir como missionários. Quando um casal se propõe a se mudar para uma nova localidade para se envolver em missões, é preciso que haja harmonia entre marido e esposa em relação à forma que assume o chamado de cada um (Efésios 5:21-33). Pode ser que tenham funções diferentes no campo missionário, a serem determinadas com base em seus dons e nas oportunidades que se lhes apresentam. De qualquer modo, eles devem estar de acordo quanto ao plano de Deus para eles enquanto casal e compreender que devem trilhar esse caminho juntos, como uma família. Embora nem sempre seja o caso em algumas instituições que enviam missionários, a IMB sempre nomeia os dois como missionários. Famílias cristãs podem ter um grande impacto nas culturas locais quando vivem como modelos de como uma família cristã é diferente das outras. Além disso, em muitas culturas, só é apropriado que mulheres compartilhem o evangelho com mulheres, e homens com homens. Portanto, levando em consideração os dons e as necessidades da família, é primordial que ambos, marido e esposa, se sintam chamados por Deus para servir e se capacitar como missionários transculturais. Nossa experiência como avaliadores de candidatos ao serviço missionário tem nos mostrado que a falta de união entre marido e esposa afeta consideravelmente o testemunho, e o casal raramente permanece no campo.

O chamado de Deus deve ser evidente na vida de todo cristão, mas isso não quer dizer que todo cristão seja chamado a deixar sua família e terra natal para se tornar um missionário transcultural. Por isso, o chamado para servir como missionário transcultural deve ser cuidadosamente avaliado por meio da discussão em comunidade desses sete tipos de chamado, levando em conta em que estágio da vida está o candidato e outros fatores que possam influenciar na escolha do local em que irá servir.

O mandamento das missões transculturais. O estudo bíblico das missões transculturais se concentra em Atos 10 e analisa a forma como o Senhor começou a quebrar a mentalidade ministerial etnocêntrica dos discípulos judeus e a abrir seus olhos para o vasto mundo gentio, que precisava ouvir o evangelho. Essa experiência serviu para demonstrar ao apóstolo Pedro que o plano de Deus realmente se referia, como mencionado na Grande Comissão registrada em Mateus 28:19-20, a "todos os povos". Pedro precisava dessa visão para entender completamente que Deus havia incluído todos os gentios em Seu plano redentor, até mesmo aqueles que faziam parte do governo de Roma — a nação que estava ocupando Israel à época.

O estudo bíblico confronta os participantes quanto a seus próprios preconceitos e desafia sua disposição em deixar o conforto de sua própria vida e cultura para se inserir em um contexto que lhes será estranho e, possivelmente, desconfortável. O estudo serve para confirmar o chamado nessa direção ou indicar pontos de alerta que precisam ser analisados antes de seguir em frente com a decisão.

O carácter do missionário. O terceiro estudo bíblico da série analisa passagens de Romanos 12 e Filipenses 2:1-5. O estudo resume e contrasta traços de carácter bons e ruins e faz uma associação entre os dons espirituais e as respectivas formas de servir a outros na igreja. Nós reconhecemos que não há nada nessas passagens que especifique os requisitos para ser um missionário. O importante é entender que um missionário deve ter o melhor carácter possível, de forma a refletir as características de Cristo. Esse é o padrão que o Senhor determina para Seus seguidores, como se vê em muitas passagens das Escrituras. O estudo bíblico é uma oportunidade de fazer uma avaliação pessoal e identificar em si áreas de possível crescimento.

A vida do missionário. Às vezes, as pessoas veem a vida de um missionário como uma aventura durante a qual tudo funciona exatamente como planejado. Pelo contrário, seguir a Jesus, especialmente como missionário transcultural, pode levar a experiências desafiadoras e inesperadas. Em Mateus 8:18-27, Jesus chama as pessoas para O seguirem. Muitos demonstraram ter esse desejo, porém os momentos de interação que tiveram com Jesus serviram para testar o nível de comprometimento e motivação de cada um. Precisamos fazer as mesmas perguntas a nós mesmos hoje.

Esse estudo bíblico explora três áreas que afetam a vida missionária de uma maneira que, às vezes, chega a surpreender novos missionários que ainda estão aprendendo a viver no campo. A primeira área é a perda do cenário familiar. Em Mateus 8:18-20, Jesus confrontou o escriba que quis segui-Lo, dizendo-lhe que, caso o fizesse, a vida não apenas seria diferente, mas se tornaria bem menos confortável do que ele estava acostumado. Vários aspectos da vida que parecem pequenos podem se tornar imensamente irritantes quando somados às pressões e ao estresse do campo transcultural, por exemplo, as condições de vida, a comida, os meios de transporte e até detalhes mais sutis como os hábitos de limpeza, o trânsito e o barulho.

Os dois versículos seguintes refletem a segunda área de impacto: as potenciais consequências na família e nas relações familiares (Mateus 8:21-22). No mundo de hoje, temos vários meios eletrônicos de comunicação que permitem às famílias manterem o contato mesmo quando estão separadas por milhares de quilômetros. Mas os desafios para os relacionamentos familiares podem ser bem mais profundos. Os missionários, por servirem em locais distantes, muitas vezes perdem eventos familiares fundamentais, como casamentos, nascimentos e velórios. Em momentos de crise familiar, pode haver ressentimento devido à ausência do missionário e à sua incapacidade de prestar assistência aos familiares que estão levando alguma situação problemática nos ombros. Além disso, os filhos de missionários geralmente criam vínculos mais fortes com a cultura do local em que estão crescendo do que com a cultura de seus pais. Isso pode dar aos avós, tios e tias a impressão de que eles têm um jeito distante, desconectado da família.

Mas isso não precisa acontecer. Os missionários podem aproveitar oportunidades para manter o contato com a família de maneiras palpáveis, como mandar mensagens de comemoração em aniversários e feriados e reservar tempo de qualidade quando estão de férias em seu país de origem. Ouvimos o relato de um missionário que disse que sua mãe revelou se sentir mais próxima do seu filho do que dos outros netos. Isso foi possível porque, quando podiam estar juntos, tinham bastante tempo de qualidade, o que fortaleceu o vínculo entre eles. A avó e a criança trocavam cartas, mandavam e recebiam fotos e novidades em geral, mesmo que na maior parte do tempo estivessem a milhares de quilômetros de distância.

Em muitos casos, a relação de missionários com sua família que permanece no país de origem pode mudar e se tornar difícil depois que vão a campo, especialmente quando a família não entende o chamado missionário ou não dá tanta importância ao mandamento de fazer missões. Não se tem como evitar completamente esses problemas, porém o missionário e sua família espiritual, sua igreja local, podem tomar a dianteira, levando a questão a sério e agindo para melhor contornar a situação. E o mais importante: é possível encorajar a família a abraçar a Grande Comissão e assumir o papel de "enviadores", enquanto os missionários são os "enviados". Em "O planejamento de missões transculturais" (Passo Cinco), propomos aos alunos que pensem em como podem se tornar bons "enviadores" e desenvolvam planos para colocar isso em prática.

Por fim, esse estudo ajuda a definir melhor a terceira área de grande impacto para a vida missionária: enfrentar desafios que parecem insuperáveis. A tempestade que os discípulos enfrentaram pode representar boa parte dos problemas que os missionários encontram em campo: desafios avassaladores para os quais não há solução fácil. O texto de Mateus 8:23-27 nos mostra como os discípulos ficaram maravilhados com o poder de Jesus de controlar as forças da natureza, e nos ensina que nós, também, servimos ao mesmo Mestre, nos dando uma âncora de esperança. Nosso Senhor é o criador do universo, e o melhor lugar em que podemos estar é ao Seu lado, mesmo em meio a uma tempestade. Essa passagem nos dá esperança para perseverar em tempos difíceis, mesmo quando não conseguimos enxergar nenhuma solução.

O estudo "A vida de um missionário" detalha melhor essas questões importantes, ao mesmo tempo que oferece uma âncora de esperança, da mesma forma que Mateus 8:23-27. Nosso Senhor é o criador do universo, e o melhor lugar em que podemos estar é ao Seu lado, mesmo em meio às tempestades da vida. Essa passagem nos dá esperança para perseverar em tempos difíceis.

O trabalho do missionário. Este último estudo é baseado em Atos 18 e 2 Timóteo 2:1-3 e busca analisar a Tarefa Missionária no contexto da igreja primitiva, quando Paulo e sua equipe missionária levaram o evangelho à boa parte do mundo conhecido da época. Paulo se esforçou por multiplicar a força-tarefa missionária, capacitando e treinando outros. Essas passagens também ajudam a entender melhor a diferença entre um missionário e um pastor. Há muitas competências paralelas entre os dois, mas o missionário tem que manter o foco centrado na Tarefa Missionária na intenção consciente de alcançar a etapa da saída em parceria.

Qualquer congregação é capaz de levantar missionários se houver intencionalidade. Uma igreja é, em essência, o discipulado de cristãos, que visa fazê-los entenderem e assumirem plenamente seu chamado. Passar por esse processo em comunidade é um elemento importante do discipulado. Como explicado no capítulo "A seleção e o treinamento de missionários transculturais" (Passo Seis), o intuito é fazer com que todo cristão esteja no lugar certo, na hora certa, fazendo uso dos dons que o Senhor lhe deu. Em alguns casos, a forma como isso vai acontecer é, de fato, por meio da missão transcultural, com a mudança de toda a família para o campo missionário. Na maioria dos casos, será por meio do serviço na comunidade local, através de um ministério cristão ou um trabalho secular, e cumprindo o propósito de ser sal e luz em um mundo perdido (Mateus 5). Quando um cristão descobre o lugar que o Senhor tem para ele — qualquer que seja — isso é motivo de alegria para todos.

6

PASSO CINCO

O planejamento de missões transculturais

A IGREJA TINHA CRESCIDO de forma exponencial nos últimos anos, na ilha de Madagascar, um país com quase 27 milhões de habitantes. A plantação de igrejas havia se acelerado bastante na parte sul da ilha, a mais populosa. Graças a essa expansão, que já durava dez anos, os cristãos do local começavam a sentir o chamado de Deus para levar o evangelho àqueles que nunca tinham ouvido, entendendo que essa também era uma responsabilidade deles. Preocupavam-se principalmente com o povo não alcançado que vivia nas regiões isoladas do norte, separadas do sul pela imponente cordilheira de Tsaratanana. Naquele lado norte das montanhas, a região era pouco desenvolvida, sem uma boa infraestrutura para transportes e comunicação.

Um grupo de líderes da Convenção Batista Malgaxe começou a orar e pensar sobre como poderiam conduzir as igrejas e a convenção em si para cumprirem esse chamado. Por já terem um relacionamento com os missionários da IMB que atuavam em Madagascar, eles chamaram a nossa equipe de globalização para ir até a ilha e ajudá-los a se envolverem na tarefa de envio de forma mais eficaz; assim, esperavam enviar seus próprios missionários malgaxes para aquela área não alcançada.

Algum tempo depois de chegarmos a essa ilha do Oceano Índico, fizemos uma viagem de reconhecimento da parte norte da ilha, em um Cessna monomotor da *Missionary Aviation Fellowship* (MAF) (Associação Missionária de Aviação), para avaliar o nível de contato que a região tinha com o cristianismo, incluindo a presença de igrejas. Fomos acompanhados por dois missionários da IMB e três parceiros da convenção malgaxe, que voaram conosco até as principais localidades do norte. Era impossível usar as estradas naquele período por causa das chuvas, fazendo com que aqueles lugares fossem acessíveis apenas por avião. Quando nos aproximávamos das pistas de pouso de terra batida, o piloto da MAF voava em círculos para avisar aos agricultores locais que iríamos pousar. Os fazendeiros, então, afastavam o gado das pistas, para que pudéssemos fazer o pouso na segunda aproximação. Em cada local que íamos, fosse uma área comercial ou um povoado mais populoso, passávamos na delegacia local assim que chegávamos, para informar as pessoas da nossa presença. Era raro estrangeiros visitarem essas cidades.

Descobrimos não apenas que aquela região era economicamente desfavorecida, mas também que o grande crescimento da igreja no sul em nada havia influenciado esses locais mais remotos ao norte. Na verdade, encontramos evidências de práticas religiosas como animismo, adoração de antepassados e o medo de espíritos e demônios. A população local colocava feitiços protetores, amuletos e pequenos objetos (itens que tinham o intuito de apaziguar espíritos malignos) em suas casas e em árvores. Os poucos cristãos que encontramos na região nos contaram sobre essas práticas animistas e reconheceram o quanto o povo estava necessitado espiritualmente. Até mesmo uma autoridade local, um homem não cristão, falou que o povo precisava da boa influência de missionários cristãos, para ajudar no desenvolvimento da sociedade. E talvez o mais importante de tudo: os poucos cristãos que descobrimos poderiam servir de fundamento para futuras igrejas a serem plantadas na região. Porém, esses mesmos irmãos reconheceram que precisavam ser liderados num processo de crescimento, para que pudessem entender como poderiam atuar numa eventual plantação de igrejas.

Na semana seguinte, trezentos delegados da convenção anual dos batistas malgaxes souberam dos resultados da nossa viagem de reconhecimento. Na ocasião, foi aprovada com uma enorme margem de votos a decisão de formar um comitê de dez homens para estudar a melhor forma de implementar uma iniciativa missionária.

Alguns meses depois, a convenção nos convidou a realizar uma consultoria dos *Oito Passos* para ajudá-los a pôr em prática sua visão missionária. Durante a consultoria, estudamos cada um dos *Oito Passos* com o comitê de missões da convenção, um grupo que representava os líderes da convenção juntamente com seus cônjuges, e três famílias missionárias da IMB que estavam baseadas em Madagascar. Durante a discussão, que se desenrolou de maneira livre e honesta, o grupo encontrou desafios relativos a cada um dos passos, mas resolveu continuar buscando a direção do Senhor e não desanimar. O foco da discussão acabou por chegar novamente à pergunta inicial: "Qual é a vontade de Deus para o povo de Madagascar, especialmente aqueles que vivem no norte?".

Enquanto buscavam a resposta, o grupo reservou um tempo para oração direcionada e leitura de trechos das Escrituras que tinham relação com o tema. Eles falaram sobre os vários contextos linguísticos e culturais dos povos malgaxes do norte, que viviam em comunidade com pouco ou nenhum acesso ao evangelho. Em seguida, em um grande pedaço de papel pardo colado na parede, esboçaram um mapa da ilha, marcando os pontos onde havia igrejas evangélicas conhecidas. O mapa revelou que a metade norte da ilha tinha muito poucas igrejas. Diante da falta de testemunho do evangelho que constataram, colocaram-se de joelhos, pedindo o direcionamento do Senhor.

Depois de orar, ler a Palavra de Deus e refletir bem, o grupo decidiu criar um plano com etapas práticas específicas. Formaram uma pequena força-tarefa e definiram algumas ações iniciais, como elaborar e distribuir materiais de intercessão entre as igrejas. Esses materiais destacavam como o povo do norte estava em perdição e apresentava pedidos específicos de oração para que as igrejas começassem a interceder. Entre as informações que traziam, estavam as estatísticas populacionais por região, as falsas religiões presentes entre os malgaxes não alcançados e dados sobre o acesso limitado à região, geograficamente, e da região ao evangelho. Os materiais de intercessão também ressaltavam a necessidade de que o Senhor enviasse "trabalhadores para a sua seara", como Jesus ordenou em Mateus 9:37-38.

Foi pedido à força-tarefa que pesquisasse as oportunidades de serviço público que poderiam servir de sustento aos futuros missionários malgaxes que seriam enviados pelas igrejas a essa região tão carente. Também foram planejadas outras viagens de reconhecimento. Quando o estudo terminou, o grupo estava convencido de que o Senhor proveria o necessário para que cumprissem o chamado de enviar missionários para essa parte tão necessitada da ilha de Madagascar.

Hebreus 11:6 nos diz que "sem fé é impossível agradar a Deus". O grupo inteiro estava plenamente convicto de que precisavam dar um passo de fé para seguir o direcionamento do Espírito Santo, confiando totalmente na providência do Senhor. Então, elaboraram passos simples, porém mensuráveis, para começar:

1. Escolheram um pequeno grupo para elaborar melhor os detalhes do plano.
2. Começaram a distribuir materiais de intercessão às igrejas.
3. Formaram uma força-tarefa para estudar as oportunidades de emprego no norte para os missionários em potencial.
4. Estudaram as oportunidades disponíveis para realizarem mais viagens de reconhecimento em outras partes remotas da ilha que também fossem não alcançadas.

PROSSEGUINDO

MUITAS IGREJAS E PASTORES julgam não ter muitas condições de se envolver em missões devido ao fato de sua congregação ser pequena ou a limitações econômicas. Porém, mesmo uma igreja pequena pode contribuir de maneira considerável com missões. Cada igreja deve fazer o que está a seu alcance e o que Deus coloca no coração de seus membros. Se as missões estiverem no centro da visão de uma igreja, o Senhor proverá o direcionamento e os recursos. No entanto, para que consiga efetivamente avançar, a igreja deve ter um plano concreto para envolver toda a congregação, quer na forma de "enviadores", quer na forma de "enviados". A igreja precisa de um plano abrangente para poder enviar missionários e manter sua presença em campo. As igrejas em Madagascar tinham pouca experiência com missões. Porém, contaram com a ajuda de missionários da IMB que serviam em seu país e com a consultoria dos *Oito Passos* oferecida pela equipe de globalização da IMB, além de terem se dedicado ao estudo das Escrituras e à oração. Dessa forma, demonstraram sua disposição em agir com intencionalidade e, assim, dar passos concretos para realizar a visão missionária que o Espírito Santo havia colocado em seus corações. Vale observar que essa iniciativa malgaxe não veio de "gente de fora", ainda que a equipe de consultoria e alguns missionários da IMB tenham contribuído com ideias e direcionamentos. A Convenção Batista Malgaxe elaborou seu próprio plano após buscar o direcionamento do Senhor e estudar a Palavra, além de refletir sobre os *Oito passos no processo contínuo de missões*. Um ponto especialmente importante para eles foi entender o alcance da Tarefa Missionária e as "As 6 perguntas fundamentais" para a mobilização da igreja, do Passo Dois (ver páginas 25-33).

DANDO INÍCIO AO PROCESSO

RECOMENDAMOS que o processo de envio missionário seja iniciado através das cinco ações fundamentais listadas mais abaixo. Algumas delas já foram explicadas em capítulos anteriores, por exemplo, como se tornar uma igreja saudável, em que todos os membros fazem uso de seus dons espirituais no serviço ao corpo. Além disso, a igreja deve saber como conscientizar os membros quanto a todos os níveis de ministério, desde o envolvimento local até as missões transculturais que transpõem fronteiras nacionais. Também recomendamos que seja formado um pequeno grupo ou comitê com a tarefa de estudar de forma mais detalhada o que a igreja precisa para se tornar missionária. Esse comitê deve ficar encarregado de envolver toda a igreja na iniciativa missionária, sempre respeitando a privacidade de qualquer membro que esteja sendo acompanhado no desejo de se tornar missionário. Por fim, a igreja deve elaborar passos concretos para começar a pôr todo o processo em prática. Ela deve, por exemplo, arrecadar fundos, estabelecer parcerias e considerar os custos e repercussões envolvidos, tanto financeira como espiritualmente, para oferecer aos missionários um apoio de longo prazo.

TORNANDO-SE UMA IGREJA MISSIONÁRIA

Os passos fundamentais para uma igreja se tornar missionária são os seguintes:

1. Capacitar todos os membros da igreja para usarem seus dons espirituais no serviço do corpo (Efésios 4:11-12). Envolver os membros no serviço da igreja é o primeiro passo para identificar missionários em potencial.

2. Preparar a igreja, fazendo com que ela se torne, de maneira ativa, uma igreja segundo o modelo de Atos 1:8. O primeiro passo para isso é reconhecer como o mundo imediatamente à sua volta está perdido: essa é a sua "Jerusalém". Em seguida, a igreja abre os olhos para o ministério transcultural local: essa é a sua "Samaria", uma região que era próxima à dos judeus, porém culturalmente diferente. Então, ela passa a tomar iniciativas para alcançar sua "Judeia": uma área maior que pode ser uma província, estado ou região, com uma população de origem cultural similar ou diferente da sua. E, por fim, espalha o evangelho "até os confins da terra".

3. Formar um grupo com poder decisório, que deverá conhecer profundamente o conceito de "missões". Eles serão encarregados de

elaborar, juntamente com a igreja, um plano de ação que abranja todos os aspectos do envio missionário, a ser realizado de acordo com as oportunidades que o Senhor abre para a igreja.

4. Envolver a igreja inteira na implementação do plano, desde as crianças pequenas até os idosos.
5. Incluir os seguintes elementos em seu plano para fomentar o envolvimento missionário:

  □ Orar por um povo específico não alcançado do entorno da igreja e de outras partes do mundo.

  □ Oferecer oportunidades de ministério transcultural, tanto local como globalmente, na medida do possível.

  □ Elaborar um plano concreto para levantar recursos para a obra missionária.

  □ Aproveitar a experiência e bagagem de uma agência missionária ou comitê missionário da convenção sempre que possível, especialmente para promover a intercessão direcionada na congregação.

  □ Trabalhar em estreita cooperação com uma agência missionária que possa oferecer *expertise* em avaliação missionária. Formar uma pequena equipe encarregada de avaliar candidatos a missionário. Essa equipe deve preservar a identidade dos candidatos, ao mesmo tempo que realiza uma avaliação completa de suas qualidades, para o benefício não só da igreja, mas também dos próprios candidatos e do campo missionário. (Ver também o Passo Sete: A formação de parcerias.)

  □ Quando a igreja estiver se preparando para enviar missionários de longo prazo, é bastante recomendável desenvolver um plano de suporte e encorajamento contínuo aos missionários. Esse plano pode incluir o contato regular à distância com líderes da igreja local, bem como, ocasionalmente, visitas e viagens missionárias de apoio. Também pode incluir o encorajamento e a assistência, por parte da igreja, aos parentes do missionário que permanecem no país de origem, como, por exemplo, pais idosos.

Em Madagascar, o desenvolvimento de um plano que envolvesse todas as igrejas da convenção em missões transculturais foi relativamente rápido. Cerca de um ano após a viagem inicial de reconhecimento, a convenção aprovou o projeto e deu-se início aos planos de ação da força-tarefa. Isso foi possível, ao menos em parte, porque os missionários e pastores estavam orando por esse propósito; antes que o processo em si começasse, eles já estavam formando a visão em suas mentes e corações. Vários representantes das igrejas locais estavam de acordo com o plano e esperavam o momento certo para implementá-lo. O fato de o campo missionário ser localizado no mesmo país também simplificou parte da logística.

COLOCANDO EM PRÁTICA O PLANO DE ENVIO MISSIONÁRIO

POR OUTRO LADO, a Convenção Batista da Cuba Oriental levou três anos para elaborar um plano de envio missionário. No início do processo, os líderes da convenção sabiam que já era hora de começar a planejar seriamente o envio de seus próprios missionários transculturais. Eles já tinham tentado enviar missionários em anos anteriores, mas essas tentativas foram impedidas por obstáculos insuperáveis em termos de coordenação, financiamento e restrições de viagem.

Como já tinham uma relação com a IMB, o presidente da convenção convidou nossa equipe de globalização para ir a Cuba com o objetivo de ajudá-los a desenvolver uma estratégia para recrutar e enviar missionários cubanos às nações. Toda a liderança da convenção participou da primeira reunião. Nesse encontro, compartilharam sua visão do que consideravam a vontade de Deus para eles: primeiro, enviar missionários para plantar igrejas entre os povos não alcançados de cultura similar à deles, falantes de espanhol e, depois, expandir para outros povos e línguas.

O presidente da convenção tinha uma paixão por ver o evangelho sendo espalhado pelas nações a partir de Cuba, no entanto sabia que nem ele nem aquele grupo de líderes eram as pessoas certas para planejar e decidir sobre essa questão. Eles reconheceram a importância de ter as pessoas certas para tomar decisões sobre como enviar missionários e, sobretudo, quem enviar. Para isso, seria preciso um pequeno grupo que se concentrasse nas tarefas específicas relativas à seleção e envio de missionários qualificados. Assim, aqueles líderes oraram e discutiram como poderiam avançar, reconhecendo que precisavam enfrentar muitos desafios para, finalmente, ver missionários cubanos implantados com êxito nos campos missionários.

Como a convenção já tinha uma rede de diretores de missões, o presidente da convenção encarregou o diretor nacional de missões de recrutar e organizar uma equipe de seleção de missionários internacionais. Para fazer parte da equipe, cada membro precisava demonstrar que tinha uma paixão por missões, mas também precisava ter alguma experiência e habilidades que somassem ao grupo. Nessa equipe, estavam inclusos os diretores regionais de missões. O grupo também precisava ter alguns especialistas em áreas específicas, como um teólogo, para ajudar a avaliar e fortalecer a base teológica dos candidatos a missionários, bem como um médico e um psicólogo cristãos para avaliar a saúde física e emocional dos candidatos. Um professor do Seminário Batista da Cuba Oriental assumiu a função de teólogo da equipe, e um professor de espanhol do mesmo seminário foi escolhido para ajudar a elaborar os materiais de candidatura. O diretor nacional de missões também contratou sua própria secretária, que tinha grandes habilidades administrativas e organizacionais, para gerenciar a documentação dos candidatos em potencial.

Com a equipe já formada, agora precisavam pegar prática na tarefa de processar as candidaturas. Na qualidade de equipe de consultoria, fizemos mais reuniões nessa etapa para ajudá-los a organizar os formulários de inscrição. Também os ajudamos a praticar algumas tarefas, como analisar candidaturas, realizar entrevistas e avaliar oportunidades de emprego. O grupo definiu seus próprios processos decisórios quanto à análise de candidaturas, tendo o cuidado de respeitar a privacidade dos dados dos candidatos.

Como já mencionado, esse processo levou tempo: aproximadamente três anos até ser plenamente estabelecido, testado e implementado pelos líderes da convenção. A Convenção Batista da Cuba Oriental conseguiu desenvolver um processo que não apenas abarcava as questões fundamentais do envio de missionários transculturais, mas também era singularmente cubano, tanto em termos de estrutura como de cultura. É isso que almeja o processo dos *Oito Passos*. Com esses princípios sendo seguidos, as igrejas e agências missionárias podem elaborar planos para alcançar efetivamente o envio de missionários a partir de igrejas locais de qualquer contexto cultural.

CONSIDERAÇÕES PRÁTICAS

CONFORME A IGREJA LOCAL começa a agir com intencionalidade, surgem aspectos a serem considerados na hora de escolher para onde um missionário deve ser enviado. Por exemplo: experiência passada em diferentes componentes da Tarefa Missionária, idiomas necessários para se comunicar em um determinado campo e qualificações exigidas para um trabalho específico. Em outros casos, podem surgir também empecilhos a serem contornados, como limitações de comunicação, transporte, necessidades dos filhos e dificuldade de acesso. Se necessário, a igreja pode firmar parcerias com agências ou equipes missionárias já estabelecidas em campo quando houver impossibilidade de montar uma logística para cuidar de aspectos básicos, como transporte e moradia.

É sempre um desafio levantar apoio financeiro para iniciativas missionárias. As igrejas e agências podem lançar mão de diferentes métodos para angariar apoio financeiro, como o apoio direto, financiamento de projetos, contribuições cooperativas e negócios com missão. Em alguns casos, uma única fonte de financiamento pode não bastar, sendo preciso garantir várias fontes ao mesmo tempo. De qualquer forma, devem ser demonstrados em detalhes os custos com missões que precisam ser arcados e explicar a importância de a igreja ajudar famílias missionárias que deixaram seus lares para levar o evangelho a outros lugares, e que precisam desses recursos na realização da Tarefa Missionária.

No campo missionário, a utilização dos recursos deve ser fiscalizada. São necessários procedimentos de prestação de contas que culminem na elaboração de relatórios para serem enviados aos contribuintes. Deve-se investigar as implicações missiológicas de cada método de financiamento para garantir que não haja nenhum problema em termos de sustentabilidade, reprodutibilidade ou dependência. Também é preciso priorizar um trabalho capaz de se automultiplicar; para isso, a igreja deve, por exemplo, gerir os recursos disponíveis de forma consciente.

Algo que é normalmente negligenciado por instituições sem experiência prévia com missões é a importância do cuidado com os missionários. As famílias missionárias enfrentam dificuldades no campo e precisam de apoio e oração contínuos; às vezes, até de cuidado pastoral ou médico. Pode ser de grande ajuda firmar parcerias que auxiliem nesse aspecto, especialmente se a igreja ou agência não tiver a experiência ou os recursos necessários. De todo modo, é possível até mesmo para uma igreja pequena manter contato regular com seus missionários, por meio da oração e encorajamento, lembrando-se deles em datas importantes, como aniversários, festividades, e em momentos de luto ou perda. Como visto no Passo Dois (A mobilização da igreja), é importante que toda a igreja considere cuidadosamente as necessidades dos missionários e faça sua parte para supri-las. Não existe uma forma única de cuidar dos missionários que se aplique a todas as situações; tudo depende do nível de acesso, dos recursos e dos conhecimentos e habilidades específicas de cada contribuinte. Nesse aspecto, é essencial que haja uma boa comunicação entre a igreja de origem e o missionário, especialmente quando o campo é um local remoto e desafiador. É também importante que as parcerias entre igrejas, redes e organizações de envio sejam eficazes, pois, dessa forma, pode-se melhor atender as necessidades dos missionários.

Como já mencionamos, Hebreus 11:6 afirma: "Sem fé é impossível agradar a Deus, pois quem dele se aproxima precisa crer que ele existe e que recompensa aqueles que o buscam". O envio missionário não é diferente. Não podemos esperar até termos todos os recursos para começar. Muitas vezes, Deus provê os recursos depois que já demos um passo de fé. As igrejas de Madagascar e Cuba são ótimos exemplos disso. Elas ainda têm enormes necessidades e desafios a serem vencidos localmente, mas iniciaram o processo, fazendo planos e dando passos concretos à medida que Deus provê os recursos. Parece que quanto mais elas oram e agem em obediência ao direcionamento de Deus, mais reto o caminho se torna, ajudando-as a transporem barreiras para chegar aos não alcançados. Que isso sirva de testemunho para todos nós e nos ensine a pôr em prática a verdade apresentada em Hebreus 11:6.

7

A seleção e o treinamento de missionários transculturais

UMA MEGAIGREJA em uma cidade próspera do Sudeste Asiático estava passando por dificuldades. Tanto os membros como a liderança sempre consideraram que sua igreja tinha uma "mentalidade missionária", mas havia pouco envolvimento com missões de longo prazo. Os membros contribuíam de bom grado para projetos humanitários e viagens missionárias de curta duração, mas, por algum motivo, não tinham ainda abraçado as missões de longo prazo — aquelas que envolvem o envio de pessoas ou famílias para criar raízes entre povos não alcançados, aprender sua língua e cultura, compartilhar o evangelho e plantar igrejas.

Os líderes da igreja convidaram nossa equipe para apresentar a consultoria dos *Oito passos no processo contínuo de missões*. À medida que avançávamos nas lições, eles foram entendendo, por meio das Escrituras, o quanto as nações eram uma parte central do plano de Deus. Um líder chegou a confessar: "Até aqui, estávamos só brincando de fazer missões. Já é hora de começarmos a fazer missões de verdade". Eles reconheceram que as duas ou três viagens missionárias anuais da igreja não eram suficientes para abraçar a Grande Comissão que Deus deu à igreja. Algo precisava mudar.

Ao estudarem a Palavra de Deus, os líderes perceberam que, para ter um impacto real na situação de perdição do mundo, era preciso investir numa presença de longo prazo nos locais onde vinham atuando. Até então, eles tinham se envolvido em projetos humanitários em outros países, sempre em viagens de curto prazo. Nessas viagens, os membros da igreja compartilhavam o evangelho distribuindo panfletos ou com a ajuda de intérpretes. Porém, nunca houve uma estratégia de acompanhamento, nem de plantação de igrejas. Por mais que essas viagens curtas fossem úteis para promover uma visão missionária entre os participantes e mobilizar a igreja a se envolver em oração, não estabeleciam uma presença missionária continuada entre as pessoas com quem interagiam naquelas poucas semanas do ano. Eles entenderam que precisavam manter uma presença continuada no campo através de missionários enviados pela igreja para criar raízes e plantar igrejas no local.

No entanto, compreenderam que, para que pudessem enviar missionários de longo prazo que se encarregassem dessa presença continuada, era preciso identificar os membros que Deus estava chamando para esse tipo de serviço, e que a motivação e a experiência em viagens curtas não eram critérios suficientes para identificar essas pessoas. Por fim, também reconheceram que precisavam, como igreja, ser mais intencionais no levantamento de missionários. Diante disso, a igreja organizou um plano para dividir os missionários em grupos para estudar e discutir os estudos bíblicos do capítulo "O levantamento de missionários" (Passo Quatro).[10]

---

10. Os cinco estudos bíblicos discutidos no capítulo "O levantamento de missionários" (Passo Quatro) estão disponíveis no Apêndice.

Durante a consultoria, apresentamos aos líderes os cinco componentes da avaliação missionária para ajudá-los a entender como enviar as pessoas certas, ao lugar certo, na hora certa, como explicamos anteriormente no capítulo sobre a Tarefa Missionária. Em muitos casos, as igrejas ou agências conseguem identificar a pessoa certa, porém ela precisa ser mais bem preparada para atender às necessidades singulares do campo missionário.

Para ajudar na avaliação dos candidatos, agrupamos os aspectos da vida de um missionário em cinco componentes. É fundamental ter em mente que o processo deve ser minucioso e que a equipe de avaliação precisa ser confiável e respeitar a confidencialidade dessas pessoas.

OS CINCO COMPONENTES DA AVALIAÇÃO MISSIONÁRIA

Componente 1: Identidade como cristão e como membro da igreja

Avaliar a vida do candidato em termos de sua identidade como cristão e como membro da igreja é importante para identificar a pessoa certa. Não apenas a equipe de avaliação precisa entender essas facetas da vida do candidato, como ele próprio deve se autoavaliar e descobrir em que áreas precisa melhorar. Assim como na explicação sobre o desenvolvimento de lideranças na Tarefa Missionária, nesta avaliação vamos observar os mesmos três pontos: quem os candidatos precisam SER, o que devem SABER e o que devem FAZER.

Quem o missionário deve SER? Esse aspecto tem a ver com o carácter cristão do candidato. É necessário, antes de tudo, que o missionário creia em Jesus e seja capaz de expressar claramente seu testemunho cristão. Além disso, sua vida deve ser um bom testemunho que reflita as características de Cristo. Deve ser reconhecido como uma pessoa de ótimo carácter e confirmado pela igreja local para o serviço missionário. O candidato deve ter bons relacionamentos com as pessoas em geral, tanto dentro como fora da igreja, e isso deve ser visível aos demais membros da igreja. Em última análise, aquele que almeja se tornar missionário deve ser o exemplo de uma pessoa em processo real de transformação pelo Espírito Santo, cuja vida, em todos os aspectos, reflete a presença de Deus.

O que o missionário deve SABER? O missionário deve ter um profundo entendimento e conhecimento da Bíblia e de como aplicar os princípios bíblicos à vida cotidiana. Também deve ter plena convicção da autoridade da Palavra de Deus. Deve estudar a Palavra de Deus de forma regular e individual e estar envolvido com o ensino da sã doutrina em sua igreja local. Deve ter um entendimento claro e bíblico das principais doutrinas cristãs, como o batismo, a Ceia do Senhor e a doutrina da Trindade: Deus Pai, Deus Filho e Deus Espírito Santo. Além do mais, deve ter um entendimento sólido sobre a natureza do pecado, o carácter de Deus, a salvação e a eclesiologia básica, de acordo com o ensino de sua igreja local e de outra instituição mais ampla que também seja expressão do corpo de Cristo, como uma agência missionária.

O que o missionário deve FAZER? Quais são suas habilidades ministeriais? Que testemunho ele tem que seja visível na comunidade e reflita seu carácter interior? As atitudes do missionário devem ser coerentes com um testemunho cristão inequívoco. Ele deve ter sido batizado, em obediência ao mandamento do Senhor, e participar regularmente da Ceia do Senhor conforme praticada em sua igreja local. Deve cumprir em sua vida as sãs disciplinas espirituais cristãs, como a oração individual e coletiva, o estudo bíblico individual e coletivo, e o uso de dons espirituais no serviço por meio da igreja.

Este primeiro componente mescla a identidade individual do cristão com sua identidade enquanto membro da igreja. Juntos, esses dois conceitos ressaltam o fato de que os cristãos não vivem de forma isolada, mas dentro do contexto do corpo local, onde apoiam uns aos outros. Portanto, a identidade cristã do candidato deve ser visível e demonstrada na igreja local.

Componente 2: Confirmando o chamado missionário

O estudo bíblico "O chamado missionário", apresentado no Passo Quatro, foi feito para ajudar tanto o candidato como a igreja local a examinarem os vários aspectos do chamado cristão. Ele também é util para que o candidato entenda as particularidades do seu chamado, especialmente se planeja levar a família consigo para um contexto transcultural. É importante realizar todo esse processo em comunidade, para que a igreja como um todo possa ajudá-lo com direcionamento, oração, aconselhamento e confirmação à medida que aquelas particularidades vão ficando mais claras. Como escrevemos no capítulo "O levantamento de missionários", a igreja em Antioquia levou a sério o envio de Paulo e Barnabé. Os membros da igreja os conheciam bem, pois tinham passado um bom tempo naquela congregação, e já haviam provado sua fidelidade quando realizaram uma tarefa mais curta: levar uma oferta à igreja de Jerusalém. Ainda assim, a igreja orou e jejuou antes de enviá-los em missão, como o Espírito Santo havia orientado.

Avaliar o chamado missionário neste Passo Seis é, de certa forma, diferente de buscar compreender o chamado, como ensinamos no Passo Quatro. No Passo Quatro, os candidatos analisam sete tipos distintos de chamado no intuito de entender melhor a vontade do Senhor para sua vida. Neste passo, vamos avaliar se esse missionário em potencial é realmente a pessoa certa que Deus chamou para determinada função no ministério. Quando o candidato ainda não tem certeza sobre seu chamado, ele é convidado a revisar o estudo "O chamado missionário" para resolver essa questão antes de prosseguir.

⤚ Avaliando o chamado missionário

A pessoa encarregada de avaliar o chamado de um missionário em potencial deve considerar quatro tipos de chamado. O estudo desses quatro tipos pode ajudar a identificar a melhor forma de aplicar o chamado daquela pessoa às circunstâncias que a cercam em determinado momento da vida.

1. *Chamado à salvação:* responder à manifestação da graça do Senhor com fé e arrependimento.
2. *Chamado à missão:* em essência, ser chamado para ser um discípulo de Cristo e um "fazedor de discípulos".
3. *Chamado a postos específicos em determinadas fases da vida:* em vários estágios da vida, precisamos servir ao Senhor de acordo com papéis sociais específicos que definem nossa realidade

cotidiana, por exemplo, o papel de pai/mãe e de esposo/esposa.

4. *Chamado ao serviço:* Deus concedeu dons específicos a cada cristão para o serviço do corpo local de crentes — a igreja local. Esses dons não são todos iguais; pelo contrário, cada um deve conhecer seus dons espirituais e usá-los a serviço da igreja local.[11]

☛ Realidades do chamado

Conhecemos Mae* em um centro de treinamento missionário na na Ásia. Há anos ela vinha se preparando para ser missionária transcultural, e já estava nas últimas etapas de preparação quando seu pai faleceu de forma repentina. A mãe dela, que tinha uma deficiência, dependia principalmente do cuidado dele. Na cultura nativa de Mae, é responsabilidade da família cuidar dos parentes que precisam de cuidados especiais. Mae era filha única e ficou arrasada com a morte do pai. A morte dele também significava que a oportunidade de servir em campo como missionária teria de ser suspensa, pois ela se tornara agora responsável por cuidar da mãe. Conciliar essas circunstâncias com o chamado que o Senhor havia colocado em seu coração era uma tarefa bastante difícil. O que a ajudou a reconsiderar sua perspectiva da situação foi estudar o ponto que chamamos de "chamado a postos específicos em determinadas fases da vida". Deus ainda poderia usá-la como missionária a Seu tempo, mas agora o seu posto era de cuidadora da sua mãe.

O processo de envio missionário precisa alinhar "os três certos", isto é, a pessoa certa, enviada para o lugar certo, na hora certa. Nesse caso, Mae tinha as habilidades e a preparação necessárias para uma missão internacional; ela era, assim, a pessoa certa. O lugar certo também havia sido identificado, pois sua formação e experiência se encaixavam bem com as necessidades do campo missionário. Porém, o momento não estava alinhado. Por fim, Mae chegou à conclusão de que o Senhor usaria aquele tempo para torná-la uma testemunha do evangelho em sua comunidade enquanto cuidava da mãe. Ela aprendeu

---

11. "Chamado". *In: Fundamentos*, p. 84-85.

a orar para que o Senhor mantivesse o chamado missionário em seu coração e lhe desse paciência para servir no local onde estava.

☙ Além de povos e lugares

Há ocasiões em que os missionários sentem um chamado específico para um povo ou lugar. Entretanto, podem encontrar obstáculos quando, por exemplo, surgem guerras, desastres naturais ou restrições governamentais que proíbem o acesso de missionários a esse povo ou lugar, por isso, por mais que possa haver chamados específicos, a análise do chamado deve olhar para além de um único povo ou lugar. Deve ser um processo de submissão à vontade do Senhor, uma disposição em seguir Seu direcionamento, mesmo quando o caminho muda devido a circunstâncias inesperadas. No livro *Whom Shall We Send? (A quem enviaremos?)*,[12] Andy Tuttle explica que uma missão específica pode ser temporária, mas o chamado de Deus para estar "em missão" é para a vida toda.

No caso de um casal que esteja almejando servir como missionários, o avaliador deve estar disposto a discutir o conceito de chamado com ambos, marido e mulher. A lição "O chamado missionário" menciona a necessidade de haver unidade entre os cônjuges em relação ao chamado. Acontece com muita frequência de apenas um se sentir chamado, de início. É importante que cada um fale sobre seu chamado com o outro, mas isso deve ser feito com paciência, de forma a permitir que o Senhor atue na vida do outro no tempo dEle. O segredo é trabalhar em harmonia como casal, deixando que o tempo mostre a melhor forma de lidar com questionamentos e preocupações que possam surgir.

O caso de Frank* e Kay* é um bom exemplo. Frank sentia um forte chamado para missões transculturais. Kay tinha sentido um chamado na adolescência, e lembrava de ter tido muito interesse em missões

---

12. TUTTLE, Andrew. Facets of a Call to Missions. *In: Whom Shall We Send? Understanding the Essentials of Sending Missionaries* (A quem enviaremos?: compreendendo as questões básicas do envio de missionários). ed. Joel Sutton. Richmond, VA: IMB, 2016. p. 71.

na infância, quando participou de atividades voltadas para missões na igreja. Porém, com o casamento, a carreira, um bebê recém-nascido e a correria da vida de casada, esse chamado tinha esfriado. Ela tentava não demonstrar suas reservas com a ideia, pois não queria estragar a empolgação do marido, mas não tinha o mesmo entusiasmo, apesar de estar disposta a ser uma esposa obediente e acompanhá-lo onde quer que ele fosse.

Enquanto iam conversando sobre a possibilidade de servirem como missionários transculturais, a paciência de Frank foi diminuindo e o assunto foi ficando desgastante. Nesse período, a conselho do pastor, Frank recuou e deu mais espaço para Kay refletir sobre suas incertezas, um processo que acabou durando três anos.

Kay conseguiu entender que sua preocupação era com a família que ficaria nos Estados Unidos quando eles estivessem em missão. Também tinha medo que seu filho crescesse sem conhecer bem os avós. Ela não queria que o filho perdesse a oportunidade de ter um bom relacionamento com eles, como ela mesma tinha tido com seus avós. Mas, naqueles três anos, Deus lhe mostrou que Ele poderia cuidar de sua família, mesmo ela estando em outro país, a milhares de quilômetros de distância. Deus também lhe proveu com o testemunho de missionários sobre como seus filhos tinham uma relação próxima com os avós, o que lhe deu confiança. Acima de tudo, o Espírito Santo acalmou seu coração com a promessa de Filipenses 4:19, de que Deus supriria todas as suas necessidades, incluindo às de sua família nos Estados Unidos e de seu filho no campo missionário.

Em retrospectiva, Frank e Kay perceberam que Deus estava operando de outra forma durante aqueles três anos. Ele usou o emprego de Frank para ensinar-lhe sobre liderança, como lidar com adversidades, conflitos e relacionamentos difíceis. Por mais que tenha sido um tempo desafiador, tudo que Frank aprendeu o ajudou bastante quando enfrentou problemas semelhantes no campo missionário, já tendo a experiência de resolvê-los de maneira bíblica.

A avaliação do chamado não se dá no preenchimento de uma *checklist* ou num mero estudo a ser concluído; é um processo que consiste em buscar o Senhor com o propósito de confirmar e entender como Ele deseja que uma pessoa ou casal viva sua vida. A igreja, ao acompanhar os que almejam trabalhar com missões, pode caminhar junto com eles ao longo do processo, apoiando e encorajando uns aos outros enquanto Deus vai progressivamente revelando Sua vontade.

Componente 3: Competências e qualificações para o trabalho missionário

Para identificar a pessoa certa para o lugar certo, é necessário entender as competências e qualificações relacionadas a cada função no campo missionário.

Competência é a capacidade de fazer algo bem ou de forma eficiente. Exemplos de competência são a capacidade de iniciar uma conversa sobre o evangelho com um descrente ou de ensinar um grupo de pastores sobre a doutrina da salvação. O candidato é competente para realizar as atividades ligadas à Tarefa Missionária, tais como compartilhar o evangelho, discipular novos crentes e treinar e capacitar novos líderes na igreja? Uma competência que pode precisar ser avaliada é a capacidade de aprender a língua nativa do local.

Qualificação é algo que torna uma pessoa formalmente capacitada para um trabalho, como um diploma da área da saúde no caso de um trabalho relacionado a serviços assistenciais. Hoje em dia, vários países já deixaram de emitir vistos de missionário, o qual precisa ter alguma habilidade ou qualificação específica para ter direito a residir no país. Outra qualificação possível é um diploma de seminário, que a igreja ou agência missionária pode exigir para nomear um missionário ou enviá-lo ao campo. Algumas instituições exigem um grau mais elevado, como um doutorado em línguas bíblicas para que alguém se torne professor. Pode haver outras qualificações que permitam ao missionário entrar no país, como um diploma universitário, experiência profissional comprovada ou outras qualificações que o país considere válidas para justificar a residência de um estrangeiro.

Componente 4: Saúde e bem-estar do missionário

A identidade como cristão e como membro da igreja, o chamado missionário e as competências e qualificações são aspectos importantes durante a avaliação e preparação do missionário. O objetivo é encaixar o missionário (a pessoa certa) a uma oportunidade de ministério (o lugar certo) com base nas habilidades exigidas e nas necessidades do campo missionário. No entanto, os missionários raramente deixam o campo por não terem as competências ou qualificações necessárias para a função, ou por terem uma teologia problemática. É fácil verificar esses pontos no candidato antes do envio ao campo. O que acontece com mais frequência é o missionário ter um ministério infrutífero ou deixar o campo por algum problema de saúde ou bem-estar. Portanto, é crucial fazer uma avaliação completa da saúde física, emocional e espiritual de um candidato para se ter uma visão abrangente do quão preparado ele está para o ministério internacional.

Em Filipenses 2:25-30, Paulo escreve à igreja em Filipos para dizer que estava enviando seu compatriota, Epafrodito, de volta para casa, porque ele tinha adoecido no campo missionário. Ele precisava voltar para casa para recuperar a saúde e aliviar o fardo que Paulo e seus companheiros carregavam por causa de sua doença. Esse foi um caso em que uma doença física comprometeu a capacidade de um missionário permanecer no campo e continuar com suas tarefas. Quando não avalia previamente a saúde física do missionário, a igreja pode estar criando uma situação de vulnerabilidade, tanto para o missionário em si como para toda a equipe.

A escolha do lugar certo deve, em alguns casos, levar em conta a forma como aquele ambiente pode afetar a saúde do missionário. Condições extremas nunca experimentadas pelos missionários podem afetá-los imensamente. Rosemary,* uma missionária solteira norte-americana, foi enviada por uma agência a um povo dos Andes, na América do Sul, a 4.000 metros acima do nível do mar. Ela nunca havia estado em um lugar de altitude tão crítica e, logo depois que chegou, começou a apresentar sintomas de soroche (mal da montanha). Ela esperava se adaptar com o tempo, mas, mesmo depois de vários meses, seu corpo não se acostumou.

A saúde de Rosemary foi se deteriorando até que se tornou um impeditivo às suas atividades de ministério. Sua agência acabou por transferi-la para outro lugar de altitude mais baixa, para que recuperasse a saúde. Ela não só se recuperou, como também prosperou naquela altitude menor, onde conseguiu continuar seu ministério de maneira frutífera e fiel.

De que forma essa situação toda poderia ter sido evitada? Quando se sabe que determinado local tem condições extremas, é importante que o missionário visite o local antes de fazer uma mudança permanente, para ver como seu corpo reage ao ambiente. Se Rosemary tivesse visitado o local antes, teria descoberto que seu corpo não se adaptava bem a altas altitudes. Felizmente, no caso dela, a situação foi resolvida antes de surgirem consequências mais sérias em sua saúde. A avaliação mostrou que Rosemary era a pessoa certa. A igreja confirmou que ela tinha um chamado para missões transculturais e que era a hora certa, mas a altitude tornava aquela cidade o lugar errado.

Outro ponto relevante na escolha do local é que alguns lugares não dispõem de infraestrutura e medicamentos necessários para algumas doenças crônicas. Lugares com altos índices de poluição, por exemplo, podem não ser adequados para missionários que têm asma. Se um candidato tiver problemas nas costas, pode correr alto risco de lesão permanente caso tenha que fazer viagens constantes por estradas acidentadas e esburacadas. Uma forma fundamental de gerir os recursos que Deus coloca à nossa disposição é avaliarmos previamente a saúde de cada missionário para termos certeza de que ele será capaz de trabalhar adequadamente e de permanecer no campo por tempo suficiente.

Em certos casos, as condições de saúde do missionário podem torná-lo inadequado para aquele posto. Por exemplo, o campo pode trazer um risco considerável para sua saúde e os gastos relacionados a seu bem-estar gerariam um fardo financeiro excessivo sobre a igreja ou agência. Entre essas condições, estão diabetes tipo 1, transplante de órgãos, colite ulcerativa e histórico de tumores e câncer. Nesses casos, os avaliadores devem consultar profissionais de saúde, tanto para proteger a saúde do candidato como para gerir os recursos disponíveis com sabedoria.

Para a saúde física, existem os exames médicos, mas a saúde psicológica e emocional, igualmente importantes para o missionário, são mais difíceis de avaliar. Deus nos fez criaturas complexas. Todos temos uma mente, vontade e emoções que podem ser corrompidas pela mentira. Nossa capacidade de dar fruto pode ser gravemente afetada pelo pecado. Além disso, as dificuldades da vida transcultural podem revelar e piorar o estado dessas doenças da alma. Portanto, é essencial avaliar a saúde psicológica e emocional.

Um exemplo comum de problema emocional é um trauma não resolvido, decorrente de um abuso sexual que aconteceu no passado. Um cenário perfeitamente plausível: uma missionária sofreu abuso sexual na infância e, já adulta, é enviada a um campo onde as mulheres são aberta ou comumente abusadas. Como isso a afetaria? Outras doenças da alma que podem ser citadas são: depressão, ansiedade, transtornos alimentares e traumas de experiências passadas ou presentes. Alguns aspectos da vida da pessoa podem ser o resultado de padrões pecaminosos, como alcoolismo, uso de drogas, consumo de pornografia e comportamento sexual inadequado. Um missionário em potencial não necessariamente é desqualificado por ter esses fatores em seu histórico, porém a equipe de avaliação deve garantir que esses problemas foram reconhecidos e resolvidos antes que o candidato seja enviado a um contexto transcultural altamente estressante. Para resolver essas questões, o missionário precisa se abrir quanto a elas, sabendo e entendendo qual é sua identidade em Cristo, e permitindo que a graça de Deus lhe traga a cura. Geralmente, nesses casos é recomendável que o candidato procure um conselheiro cristão profissional para se certificar de que realmente houve uma resolução, o que pode levar semanas, meses e até anos, dependendo da gravidade da situação.

Duas outras áreas que devem ser avaliadas são a saúde conjugal e a vida de solteiro. Um casal que pretende ser missionário deve ter Cristo como o fundamento de seu casamento e dar evidências de que têm uma comunicação saudável um com o outro. Algumas igrejas e agências exigem o mínimo de um ano de casamento para que um casal seja enviado a uma missão no exterior. Eles devem poder dizer, com franqueza, que suprem as necessidades conjugais um do outro e que têm uma só mente em relação ao chamado missionário.

Os que são solteiros devem ter um entendimento saudável do que significa ser solteiro e ter resolvido qualquer problema passado relativo à sua qualidade de solteiro. Devem demonstrar contentamento com sua condição de solteiro, mesmo que estejam abertos ao casamento no tempo de Deus.

Uma última área a ser considerada no que tange à família são os filhos. Se o casal tem filhos que irão acompanhá-los no campo, é importante fazer uma avaliação para identificar qualquer problema educacional ou de desenvolvimento que possa afetar a implantação da família no campo. Retomando o caso da família Kramer, do primeiro capítulo: eles tinham uma filha de dezesseis anos, Christy, que teve dificuldades com o idioma e a vida social depois que chegou no campo. Como não tinha um ambiente onde pudesse fazer amigos, ela entrou em depressão, e sua família teve que voltar para os Estados Unidos para cuidar de suas necessidades emocionais. Famílias com filhos adolescentes precisam ser cuidadosamente avaliadas e devem ser enviadas a um local onde os filhos tenham oportunidade de se adaptar e se desenvolver.

Componente 5: Preparação prática

Por fim, devemos considerar vários aspectos práticos da avaliação misisonária. O primeiro deles é o apoio financeiro ao missionário. Existem diversas estratégias para oferecer esse apoio, mas a igreja precisa elaborar um plano concreto antes do envio para garantir que o missionário e sua família recebam os recursos necessários durante a missão. No Passo Cinco (O planejamento de missões transculturais), foram discutidos o apoio financeiro e os cuidados relativos à angariação de fundos. A falta de planejamento nessa área fez com que faltasse apoio aos Kramers, o que agravou o estresse que já estavam vivenciando no processo de adaptação ao campo.

Outra consideração prática a ser feita para identificar a pessoa certa é a capacidade de aprender novos idiomas. Mike Kramer, do primeiro capítulo, é um bom exemplo: sua condição auditiva não diagnosticada afetou sua capacidade de aprender uma língua tonal e reduziu sua eficácia no campo. Há outros fatores que podem interferir no aprendizado de línguas, tais como idade, o tempo necessário para alcançar o nível de fluência adequado e o custo financeiro do curso de idiomas.

Ao longo do processo, obrigações de carácter familiar também devem ser avaliadas. O missionário tem responsabilidades que podem comprometer sua permanência no campo? O estudo "A vida do missionário", presente no Apêndice, é uma boa referência para ajudar o candidato a compreender como a missão afeta a esfera familiar. O candidato terá a responsabilidade de cuidar dos pais idosos nos próximos anos? Ele tem uma empresa familiar ou casa própria no país de origem? Ele (ou sua família) tem alguma dívida que deva ser quitada antes do envio a campo?

A igreja/agência também deve averiguar todas as questões relevantes sobre vistos e cidadania. Será que o candidato cumpre os requisitos para conseguir um visto daquele país? Ele tem todos os esquemas de vacinação exigidos? Outra situação que pode ocorrer, embora seja mais rara, é o candidato ter uma ficha criminal pregressa, que pode desqualificá-lo para a obtenção do visto de certos países.

A família também deve ponderar sobre as necessidades das crianças ao escolherem o local onde irão servir. Quais são suas necessidades educacionais e formativas? Quais são as escolas disponíveis? A família conseguirá arcar com as mensalidades? As crianças podem receber uma educação adequada numa dessas escolas? O país permite educação familiar? Em caso positivo, os pais são capacitados para conciliar a educação dos filhos com a realização de seu ministério sem comprometer nenhum dos dois? É importante até mesmo que a família já vislumbre o percurso acadêmico a longo prazo, considerando, por exemplo, quais faculdades os filhos poderão cursar e se determinada opção de ensino médio é adequada para prepará-los para os possíveis critérios de seleção do ensino superior. Isso vai além de simplesmente decidir qual será a universidade dos filhos, pois também envolve a língua de ensino e os requisitos de admissão das faculdades.

Quando realizamos a consultoria dos *Oito Passos* com a megaigreja do Sudeste Asiático que mencionamos no início deste capítulo, foi descoberta uma área que a liderança da igreja não tinha considerado: o quanto os filhos estavam preparados para se mudarem com os pais para um campo missionário internacional. A liderança, além de entender que precisava avaliar o estado de saúde, maturidade emocional e bem-estar dessas crianças, também percebeu que precisava conhecer suas necessidades educacionais. Como consequência, uma família da igreja acabou descobrindo, com a ajuda dos professores, que o filho tinha dificuldades de aprendizado. Com um entendimento mais aprofundado, a família pôde adiar sua mudança para o campo, analisar minuciosamente a situação como um todo, desenvolver e implementar planos de intervenção apropriados. Com todas as questões resolvidas, a família pôde ser enviada para o campo. Nesse caso, as pessoas certas e o lugar certo foram identificados. Porém, não era ainda o tempo de manter a presença missionária daquela família. Posteriormente, a liderança reconheceu que a avaliação detalhada ajudou a detectar fatores que poderiam ter acarretado a desistência da família após alguns meses em campo, se tivessem passado despercebidos.

Diferentes questões podem vir à tona em cada etapa da avaliação. Dessa forma, uma avaliação cuidadosa serve não apenas à igreja e à equipe missionária em campo, mas também à família, ajudando-a a resolver problemas e, assim, ser mais efetiva, dando mais frutos e tendo mais chance de manter sua presença no campo.

DESENVOLVENDO UM PROCESSO INDIVIDUALIZADO

ENVIAR AS PESSOAS CERTAS ao lugar certo na hora certa exige que o processo de avaliação missionária seja realizado com tempo suficiente para considerar todos os cinco componentes. Não devemos esperar que os candidatos sejam perfeitos, mas eles devem demonstrar um crescimento gradual em sua caminhada com o Senhor e um esforço para que todas as áreas de sua vida sejam moldadas segundo Sua vontade. Uma boa medida para avaliar a maturidade espiritual dos candidatos é sua disposição em prestar contas e receber repreensões e conselhos que sejam honestos e cristocêntricos.

Um aspecto fundamental do processo é como a igreja pretende conduzir a avaliação e quem será responsável por gerenciar os documentos e realizar as entrevistas. Na consultoria dos *Oito Passos*, ajudamos igrejas e agências a formar uma equipe de avaliação e elaborar um processo de candidatura que se adequem à estrutura decisória da igreja. Há várias formas possíveis de se organizar o processo, mas ele sempre deve incluir coleta de informações relevantes dos candidatos, entrevistas presenciais e referências de terceiros. Dessa forma, a igreja/agência pode montar perfis dos candidatos que englobem cada um dos cinco componentes da avaliação missionária.

Como já mencionado, esse processo deve ser minucioso e a equipe de avaliação deve ser confiável e respeitar a confidencialidade. Os documentos físicos e eletrônicos devem ser mantidos em local seguro, com acesso limitado apenas aos avaliadores. Quando não forem mais necessários, os materiais deverão ser destruídos, em respeito à confidencialidade e à privacidade dos candidatos e em conformidade com as exigências legais e regulamentos que tratam do armazenamento de dados. Ao longo do processo de candidatura, é comum que surjam questões confidenciais e sensíveis, que devem ser cuidadosamente protegidas, de modo a honrar a confiança depositada na equipe de avaliação. O processo de avaliação deve considerar a pessoa como um todo e, em essência, a família toda.

UM CASO REAL

TODOS ESSES COMPONENTES devem ser atrelados em um único processo para que se construa um perfil avaliativo adequado. Também é primordial que os avaliadores tenham discernimento na hora de examinar as referências, para compreender o contexto em que foram dadas, ainda que sejam de pessoas próximas ao candidato. Vamos analisar o caso de Aaron* e Mary.*

Aaron e Mary se converteram já adultos, e rapidamente se envolveram nos ministérios locais da sua igreja, que ficava no Meio-Oeste dos Estados Unidos. Em pouco tempo, eles já estavam amadurecendo espiritualmente e não demoraram a se tornar líderes de ministério na igreja.

Nessa época, a liderança da igreja tinha a visão de enviar várias famílias da congregação para uma região não alcançada do país, para plantar uma igreja. Nenhum dos dois tinha feito seminário, nem tinha experiência com plantação de igrejas, mas estavam animados com a perspectiva de se envolver nesse novo trabalho, e se voluntariaram para fazer parte da equipe. Aaron tinha experiência em gerenciar um pequeno negócio da família, e Mary era professora de jardim de infância; por isso, acreditavam que tinham as credenciais e as habilidades necessárias para sustentar a família nessa nova localidade.

Depois da mudança, e enquanto davam apoio à equipe de plantação, Aaron viu uma oportunidade de iniciar um pequeno empreendimento na nova cidade. Mary também conseguiu encontrar uma vaga de professora. Com essa renda conjunta, os dois vislumbravam que poderiam sustentar a família e ainda contribuir com a igreja, que poderia em breve chamar um pastor e remunerá-lo para servir ali em tempo integral. Qualquer tempo livre que tinham na semana, usavam para ministrar à comunidade e levar pessoas a Cristo. Aaron era um evangelista hábil, e Mary amava discipular mulheres mais jovens.

Após dois anos, o empreendimento de Aaron tinha crescido tanto que começou a lhe tomar parte do tempo que dedicava ao ministério. Ele decidiu que o ministério era mais importante do que o empreendimento secular, então vendeu a empresa para dois jovens que havia recrutado e treinado. Assim, passou a ter mais tempo para o ministério. Com pouco tempo, enxergou a oportunidade de um novo negócio local que poderia gerar uma renda extra para dar um apoio maior à igreja em processo de plantação. Mais uma vez, sua empresa prosperou, e ele conseguiu vendê-la por um ótimo preço, depois de treinar os futuros proprietários.

Não muito tempo depois, Aaron e Mary começaram a sentir o chamado de Deus para levar o evangelho a um povo não alcançado, em outro país. Com o apoio de sua igreja de origem, eles se candidataram a uma agência missionária dos Estados Unidos. No processo de avaliação, a agência pediu referências de várias pessoas da igreja que conheciam bem o casal.

Um dos membros da igreja tinha algumas reservas. "Aaron é uma ótima pessoa. É fiel como cristão, marido e pai, mas nunca pastoreou uma igreja e não permanece muito tempo no mesmo trabalho", disse o homem.

Mencionou que Aaron tinha pulado de emprego em emprego nos últimos anos. "Ele inicia um negócio e depois vende quando começa a crescer demais. A cada dois anos, começa um novo negócio e depois o vende para os funcionários. Um missionário precisa ser capaz de permanecer no mesmo lugar por muito tempo, para pastorear uma igreja, não é?"

O que esse homem bem-intencionado não compreendia era a diferença entre o papel do missionário e o papel mais tradicional de um pastor de igreja. Ele não entendia plenamente o que um missionário plantador de igrejas precisava para servir num local remoto com pouca ou nenhuma abertura a obreiros cristãos. O que enxergava como defeito em Aaron podia, na verdade, ser uma qualidade, considerando o cenário transcultural onde o casal queria servir.

Esse exemplo mostra como é necessário analisar a pessoa como um todo não só para saber se aquele candidato é adequado ao posto, mas também para entender o contexto das referências fornecidas. Nós avaliamos todos os cinco componentes juntos, para obtermos uma visão global da vida da pessoa. Por mais que nunca tivesse pastoreado uma igreja, Aaron era um exímio evangelista e discipulador. Também tinha o dom de identificar líderes e treiná-los, de começar um empreendimento, fazê-lo prosperar e entregá-lo nas mãos de líderes capazes, para então passar a outro empreendimento. Mary também era uma ótima professora e discipuladora, e discipulou várias mulheres na igreja em processo de plantação. Ela tinha desenvolvido muitas competências valiosas para uma missionária como professora e plantadora de igrejas. Aaron e Mary representam um ótimo exemplo de como algumas competências e qualificações podem ser aproveitadas para o trabalho missionário.

Por fim, a agência missionária enviou o casal como plantadores de igrejas para um povo não alcançado, e eles já ajudaram a iniciar várias igrejas, treinando líderes para cada uma delas.

No Passo Quatro (O levantamento de missionários), estudamos a história de Paulo em Atos 18 e 2 Timóteo 2. O modelo de Paulo segue estas etapas: o missionário começa o trabalho, levanta líderes, e então os leva consigo para o próximo povo ou lugar não alcançado. Paulo treinou Timóteo para que levantasse mais trabalhadores para a tarefa, e cumpriu o mesmo princípio quando treinou Priscila e Áquila, que, por sua vez, treinaram Apolo para o ministério. Na avaliação, procuramos por habilidades e competências que possam ser aproveitadas no campo missionário de forma a contribuir efetivamente para a realização da Tarefa Missionária. Ninguém é perfeito. Ninguém tem todos os talentos e habilidades que a missão precisa. Mas Deus concedeu a Seus filhos experiências e habilidades que podem ser reaproveitadas no campo missionário. São esses candidatos que buscamos identificar: são as pessoas certas, que desejamos enviar ao lugar certo, na hora certa.

8

PASSO SETE

A formação de parcerias

A IGREJA BATISTA MAIN STREET,* um corpo de várias centenas de membros numa cidade do sul dos Estados Unidos, adotou o povo Mallakani,* que vive em um país do Sudeste Asiático. As informações disponíveis sobre esse povo eram poucas, mas tudo indicava que não havia muitos crentes, e nenhuma igreja ou agência estava buscando plantar igrejas entre eles. A igreja começou a orar por eles e até mesmo enviou algumas equipes em viagens de reconhecimento para sondar as necessidades daquele povo.

Bob e Jean Smith* estavam envolvidos na iniciativa missionária dessa igreja. Depois de participarem das viagens, eles sentiram o chamado de Deus para dedicar suas vidas ao povo Mallakani como plantadores de igrejas. Bob e Jean compartilharam o seu sentimento com a igreja e, depois de um período de oração e avaliação, concordou-se que fossem enviados e recebessem apoio enquanto missionários. A igreja tinha pouca experiência no envio de missionários, por isso se juntaram a uma agência missionária que tinha estrutura para prover a logística, o planejamento estratégico e o suporte em campo para a família.

O casal conseguiu aprender bem a língua nativa e se estabeleceu no centro da região habitada pelo povo Mallakani. Eles foram para lá com um visto de turista providenciado pela agência missionária. Bob trabalhava cerca de oito horas por semana gerenciando uma plataforma de turismo em troca do visto. O ministério foi avançando lentamente durante o primeiro ano em campo; porém, quando estava começando a ganhar um impulso maior, a agência perdeu funcionários-chave que trabalhavam num país vizinho e que estavam ligados à mesma plataforma turística.

A agência não viu outra escolha senão informar à família que teriam de ser realocados para o país vizinho para gerenciar a plataforma. Vários missionários da região dependiam daquela plataforma para manter seus vistos. Devido à experiência profissional de Bob e seu conhecimento sobre operações em plataformas, ele era o único que poderia preencher a função.

Essa mudança abrupta desapontou o casal, porque o povo em que focavam não vivia naquele país vizinho. A liderança da igreja que os enviou se sentiu traída, porque não foi consultada, nem lhe foi dada oportunidade de discutir a decisão. A visão da agência era que Bob e Jean deveriam pensar no bem maior, no que era melhor para a obra em geral, o que exigiria sacrifícios.

Os dois então se viram no meio do fogo cruzado entre a igreja, responsável pelo apoio financeiro, e a agência missionária, que provia a estrutura necessária no campo e os vistos. Os líderes da igreja começaram a questionar se poderiam continuar a apoiar missionários que sequer estavam focados no povo adotado pela igreja.

No entusiasmo inicial da iniciativa, as partes (igreja, missionários e agência) esqueceram de acordar como seriam as estruturas e processos decisórios caso surgisse uma situação dessas. Em meio àquela crise toda, os ânimos estavam aflorados, o tempo era curto e era difícil resolver tudo com as partes implicadas a oceanos de distância umas das outras.

A IMPORTÂNCIA DAS PARCERIAS

SÃO POUCOS OS MISSIONÁRIOS, igrejas, agências e equipes em campo que têm tudo o necessário para garantir uma presença em campo de longo prazo. Até igrejas e agências grandes, muitas vezes, precisam de ajuda externa em suas atividades missionárias. Isso pode ser resolvido por meio de parcerias minuciosamente planejadas. Com o processo dos *Oito Passos*, igrejas e agências têm a oportunidade de examinar mais a fundo sua visão ou chamado específico, compreendê-los e, em seguida, traçar passos concretos para realizar a vontade de Deus. Também faz parte desse planejamento identificar os tipos de parcerias que serão necessárias para preencher eventuais lacunas, de forma a garantir que todos estejam plenamente preparados para cumprir a tarefa que Deus lhes confiou. No entanto, é preciso pensar com bastante cuidado sobre essas parcerias. Algumas delas dão muito certo no início, mas depois podem surgir conflitos diante de circunstâncias diferentes das previstas no acordo original.

As igrejas e agências que agem com sabedoria nessa questão reconhecem que outros grupos podem oferecer uma ajuda valiosa em termos de experiência, habilidade e acesso a locais, pessoas e ambientes específicos. Vejamos o exemplo positivo da igreja cubana mencionada no capítulo 1. Naquele caso, missionários que eram médicos cubanos se juntaram a uma equipe da IMB que já atuava na Colômbia. O plano era que os missionários cubanos se concentrassem em vilarejos não alcançados dentro de uma reserva indígena à qual o governo colombiano não permitia acesso aos missionários norte-americanos. Os missionários cubanos, devido à sua origem, formação médica e fluência no espanhol, conseguiram não só ter acesso à reserva, mas, com sua experiência na plantação de igrejas, também puderam dar início a atividades relativas à Tarefa Missionária na região. É importante ressaltar que, desde o início, a estrutura de autoridade e prestação de contas tinha sido minuciosamente discutida, permitindo que se instaurasse uma parceria frutífera, que se ajustava perfeitamente à visão da equipe da IMB, da igreja missionária cubana e da Convenção Batista Cubana. Acima de tudo, essa parceria está concretizando, de maneira efetiva, a Tarefa Missionária em uma região antes inalcançada.

ALGUMAS CONSIDERAÇÕES SOBRE PARCERIAS

Para uma formação de parcerias eficaz, às vezes é necessário que uma igreja ou agência reveja seu entendimento sobre missões, o que pode incluir questões como autoridade, tomada de decisão, acompanhamento e apoio financeiro. Em alguns casos, será preciso delegar a autoridade ou supervisão a outra entidade. Pode ser necessário enviar os recursos a parceiros e abrir mão da prerrogativa de controlar em detalhes como serão utilizados. O mesmo pode ser dito da prerrogativa de tomar decisões estratégicas. Nem todas as igrejas, agências e missionários estão prontos para fazer concessões nessas áreas, mas esses aspectos precisam ser tratados com cuidado e honestidade antes de se firmar qualquer parceria.

Existem mais duas áreas que devem ser consideradas antes de qualquer empreendimento, referentes à missiologia e à teologia. No campo da missiologia, é importante discutir e esclarecer o papel do missionário, a utilização de recursos financeiros externos, as perspectivas de dependência e reprodutibilidade e os métodos missionários. Do mesmo modo, as partes devem examinar seus pontos de vista sobre questões teológicas fundamentais, como doutrinas essenciais, eclesiologia, a autoridade da Bíblia, a liderança eclesiástica e ordenanças da igreja, dentre outras. A *Fé e Mensagem Batista 2000*[13] é a declaração de fé que representa a maioria das igrejas batistas nesse tipo de acordo. Porém, mesmo entre os batistas há igrejas que têm um ponto de vista teológico mais restrito, o que pode gerar conflitos; para evitá-los, é melhor tratar

---

13. CONVENÇÃO BATISTA DO SUL. *Fé e Mensagem Batista 2000*. Declaração de Fé. Disponível em: https://bfm.sbc.net/a-fe-e-a-mensagem-batista/. Acessado em 21 de janeiro de 2022. A definição de igreja da Convenção Batista do Sul é citada no Passo Três, "O ministério local — O estabelecimento de igrejas saudáveis", p. 39.

abertamente desses pontos antes de estabelecer uma parceria. Nessas discussões, cada um deve entender quais são seus pontos não negociáveis e identificar em que áreas os demais parceiros têm preferências, mas estão dispostos a flexibilizá-las.

No caso que vimos no início do capítulo, do povo Mallakani, a igreja não tinha previsto a possibilidade de a agência missionária poder alterar o local onde o casal serviria. O conflito aconteceu porque a agência tomou essa decisão sem consultar a igreja. Embora, na perspectiva da agência, não houvesse outra solução, ela poderia ter optado por uma postura mais conciliadora, como conversar sobre a questão com os missionários e a igreja. Sem um acordo prévio estipulando quem tomaria essas decisões, cada um fez suposições que, no fim das contas, eram bem diferentes. O triste resultado foram pessoas magoadas, conflitos, missionários desencorajados e, o pior de tudo, um povo que estava sendo alvo de missões perdeu aqueles que estavam sendo suas testemunhas encarnacionais.

INFLUÊNCIAS CULTURAIS NAS PARCERIAS

SE AS PARCERIAS OFERECEM TANTAS VANTAGENS, por que muitas vezes não são firmadas? A maneira como se enxerga a formação de parcerias pode ser influenciada pela cultura dos membros de uma igreja ou agência. Muitas igrejas e agências norte-americanas enxergam a autoridade da igreja local como suprema, assim como seu protagonismo em todos os aspectos da Tarefa Missionária, por isso podem não considerar as parcerias necessárias. Outras culturas, como a latino-americana, estão mais acostumadas com o trabalho em comunidade, sendo mais abertas a parcerias, porém também esperam uma abordagem muito mais colaborativa entre os parceiros.

É importante reconhecer diferenças culturais logo de início, para que se tenha uma ideia de quais são as expectativas de cada parceiro envolvido. Os norte-americanos, por exemplo, tendem a separar a vida pessoal da profissional; para eles, um missionário em campo vai dividir de forma mais clara as esferas do seu cotidiano. Outras culturas, como a latino-americana, têm o aspecto comunitário muito mais forte em todas as áreas e, por isso, fazem uma interseção muito maior entre ministério e vida pessoal. Uma verdadeira parceria exige que cada parceiro considere as necessidades do outro, abraçando os princípios de Filipenses 2:3: "Nada façam por ambição egoísta ou por vaidade, mas humildemente considerem os outros superiores a vocês mesmos".

Essa passagem de Filipenses deve ser vista por todas as partes — missionários, igrejas e agências — como uma exortação a reconhecerem as necessidades dos outros e a manterem o foco na tarefa primordial de fazer discípulos de todas as nações, conforme ordenado na Grande Comissão. É imperativo que todos os parceiros concentrem seus esforços na plantação de igrejas em lugares onde elas não existem; esse objetivo supremo deve nortear todas as discussões, planos, atividades e decisões. Em outras palavras, o cumprimento efetivo da Tarefa Missionária deve estar no centro de sua visão.

Igrejas que têm uma abordagem mais independente podem ter um ponto de vista baseado não tanto na convicção de que "juntos podemos fazer melhor", e sim acreditar que depender de parceiros externos seria abrir mão de uma autonomia que deveria pertencer somente à igreja local. Por outro lado, há muitos exemplos notáveis de igrejas nos Estados Unidos que se unem para cooperar em prol da Grande Comissão. Desde 1925, milhares de igrejas têm enviado recursos financeiros ao Programa Cooperativo da Convenção Batista do Sul, para impulsionar o envio missionário. Essa abordagem cooperativa encoraja igrejas pequenas e grandes a assumirem um papel no envio missionário. Se, por um lado, as igrejas locais precisam abrir mão de parte do controle e da tomada de decisões estratégicas (pois delegam essa prerrogativa a uma diretoria que representa as igrejas da convenção), por outro, têm a oportunidade de participar de uma iniciativa de envio missionário para garantir que todos os povos e lugares não alcançados tenham acesso ao evangelho, mesmo que não tenham experiência em todos os aspectos da Tarefa Missionária.

DESAFIOS RELACIONADOS À LIDERANÇA
E AO APOIO MISSIONÁRIO

ASSIM COMO ALGUMAS IGREJAS LOCAIS, missionários têm espírito independente, uma característica muitas vezes necessária em locais isolados e desafiadores. Eles precisam de mais autonomia e poder de liderança, balanceados com uma prestação de contas e treinamento adequados. O Senhor elegeu a igreja local como Sua estrutura para cumprir a Grande Comissão. No entanto, são poucas as igrejas que têm a profundidade de experiência necessária para lidar com todos os aspectos do envio missionário no mundo de hoje. Por isso, as igrejas locais precisam aprender a cooperar com agências e organizações que "fazem missões" em tempo integral, e confiar em seu conhecimento e experiência na área. Essas agências desenvolveram certas competências em contextos diferentes em termos de cultura e segurança, adotando estratégias adequadas em cada um deles. Nessas parcerias, agências, igrejas, equipes missionárias e missionários individuais devem respeitar a perspectiva das partes envolvidas e valorizar a contribuição que trazem ao projeto missionário. E o mais importante: a igreja deve entender que os recursos do reino devem ser canalizados para o objetivo de levar o evangelho aos que nunca ouviram. Geralmente, as agências missionárias são as únicas entidades que se envolvem na causa dos povos ainda não alcançados.

Se as igrejas locais devem entender o valor da parceria com agências missionárias, estas devem reconhecer que, sem a igreja local, não há iniciativa missionária, pois tanto os missionários como o apoio à missão vêm de dentro das fileiras da igreja local. Além do mais, nesta era de redes sociais e comunicação instantânea, a igreja está em posição de ter uma influência ainda mais direta no campo missionário. Com a tecnologia atual, os missionários podem contatar sua igreja mantenedora para ajudá-los com direcionamento, encorajamento, oração e envolvimento direto na missão.

A realidade do campo vai além de qualquer definição simples que possamos pensar, e pode mudar conforme se avança na Tarefa Missionária.

Um projeto pode ter começado com apenas um casal de missionários e evoluir para um esforço conjunto de organizações missionárias de vários países, vendo-se o crescimento de uma igreja nativa a nível nacional. À medida que o trabalho avança, a responsabilidade e a autoridade vão gradualmente sendo transferidas à liderança local. Esse é um sinal de que está sendo formada uma igreja saudável e madura, que eventualmente estará pronta para, ela mesma, sair em parceria, assumindo seu papel na Grande Comissão.

UMA PARCERIA PRODUTIVA

NAS FILIPINAS, há cinco convenções batistas presentes nas mais de 7.000 ilhas do país-arquipélago. Essas convenções foram formadas numa época em que a comunicação e o deslocamento naquela geografia era difícil; assim, eram instrumentos úteis para coordenar e dar apoio às igrejas locais de cada região. As convenções, juntamente com outras organizações batistas, como seminários e a União Missionária de Mulheres nacional, há anos tinham interesse em missões, e já conseguiram enviar alguns missionários a outros países.

No entanto, as convenções descobriram um novo canal que lhes permitiria aumentar radicalmente o envio missionário, até mesmo a lugares de difícil acesso para missionários ocidentais. Era algo ligado às circunstâncias econômicas das Filipinas à época. Devido às altas taxas de desemprego nas Filipinas, milhões de trabalhadores deixam o país anualmente para buscar oportunidades de emprego e salários melhores em outros lugares. Muitos encontram empregos de babá, empregados domésticos, enfermeiros ou no setor de turismo e hotelaria. Boa parte deles vão para o Oriente Médio ou outros países na Ásia. Com isso, as igrejas e convenções das Filipinas se viram numa posição estratégica para enviar missionários não apenas pelos meios tradicionais, com o apoio financeiro de igrejas locais, mas também através dessas pessoas que emigravam para trabalhar no exterior.

Então, as cinco convenções se juntaram para formar uma agência missionária chamada *One Sending Body* (OSB) (Um Corpo de Envio), para coordenar essas iniciativas missionárias. E concordaram que a agência seria responsável por coordenar o envio desses missionários "fazedores de tendas", o que incluiria a disponibilização de programas de treinamento missionário e a identificação de lugares estratégicos onde os missionários deveriam trabalhar. As convenções, assim, reconheceram a força de se unirem sob uma parceria única, tendo a Grande Comissão como objetivo maior.

Um seminário ofereceu seu *campus* para ser usado durante o treinamento missionário. Como equipe de consultoria dos *Oito Passos*, fizemos um *workshop* com líderes e missionários filipinos e membros do conselho da OSB, que depois compartilharam os materiais da consultoria com pastores e líderes de suas convenções. Agora, as convenções estão trabalhando com a OSB para identificar os lugares mais estratégicos para o envio de missionários, como aprimorar o processo de avaliação missionária, e as melhores formas de mobilizar as igrejas das cinco convenções, ajudando-as a entender como podem se envolver e contribuir para o envio de missionários transculturais filipinos.

APRENDENDO A TRABALHAR EM CONJUNTO

VOLTEMOS AO CASO DE BOB E JEAN SMITH, que foram trabalhar com o povo Mallakani: no fim das contas, todos os envolvidos (casal, igreja e agência) conseguiram conversar sobre a situação, se reconciliar e planejar os próximos passos de maneira construtiva. Cada um esclareceu suas expectativas sobre as tomadas de decisão, e juntos definiram um processo em que a autoridade seria compartilhada, sem que isso prejudicasse o trabalho dos missionários em campo. A agência também conseguiu resolver a questão da gerência da plataforma, e o casal pôde retomar o trabalho com o povo Mallakani. Mesmo diante de desentendimentos, a Bíblia oferece um esquema para a resolução de conflitos, que pode ser aplicado quando todas as partes estão dispostas a abraçar os princípios encontrados em Mateus 18.

A parceria vai além da simples cooperação entre igrejas e agências de um país ou cultura. Nos próximos anos, será cada vez mais importante para as igrejas e agências norte-americanas aprenderem a trabalhar em conjunto com instituições de outras partes do mundo; isso também trará desafios, como saber organizar bem o funcionamento de equipes multiculturais. Lidar com diversas perspectivas culturais ao mesmo tempo pode afetar pontos fundamentais, como a tomada de decisão, prestação de contas, liderança e utilização de recursos.

Essas perspectivas e nuances culturais podem influenciar muitas áreas do empreendimento missionário. Por exemplo, a maioria dos parceiros no mundo valorizam fortemente relacionamentos baseados na confiança, enquanto parceiros norte-americanos valorizam acordos escritos, assinados por ambas as partes, que especifiquem claramente os detalhes da parceria. Em termos de recursos financeiros, na maioria das vezes, os parceiros ao redor do mundo precisam fazer grandes sacrifícios para contribuir com as missões, enquanto parceiros norte-americanos contribuem a partir de uma posição de prosperidade e abundância. A meta não deve focar em contribuições iguais, e sim em sacrifícios equivalentes, qualquer que seja o valor da contribuição. É preciso considerar questões como paternalismo, dependência, sustentabilidade e reprodutibilidade. Tanto os parceiros dos Estados Unidos como aqueles de outras partes do mundo devem reconhecer o valor que cada um traz à atividade missionária e se submeter uns aos outros em humildade. Com a maior parte dos missionários evangélicos vindo atualmente de outras partes do mundo, as igrejas e agências norte-americanas precisarão descobrir o que significa ser um "líder-servo" ao cooperarem com esses parceiros e, talvez, até redefinir seus papéis no envio missionário. Pode ser que precisem assumir uma função mais de facilitação, mentoria e encorajamento, além de estar nas linhas de frente da missão.[14]

Igrejas de vários países estão descobrindo as vantagens do envio

---

Nota: O material deste capítulo foi adaptado do texto de Carlton Vandagriff,* "Ongoing Relationships on the Mission Field" (Relacionamentos contínuos no campo missionário), em *Whom Shall We Send?: Understanding the Essentials of Sending Missionaries* (A quem enviaremos?: compreendendo as questões básicas do envio de missionários). ed. Joel Sutton. Richmond, VA: IMB, 2016. p. 253-260.

14. Paul Borthwick discute os temas de parceria, serviço e sacrifício em "Partnership Equality" (Igualdade na parceria) , no livro *Western Christians in Global Mission: What's the Role of the North American Church?* (Cristãos ocidentais na missão global: qual é o papel da igreja norte-americana?). Downers Grove, IL: InterVarsity Press, 2012. p. 149-156.

cooperativo, aprendendo a lidar com os desafios relacionados à autoridade, prestação de contas e cooperação. Maximizar nossos esforços significa elaborar estruturas de prestação de contas e interdependência recíprocas. Para isso, será preciso bastante trabalho desde o início, porém há um enorme potencial para ver crescer os frutos do reino quando aprendermos a andar juntos, lado a lado, sob a liderança do Espírito Santo.

A Grande Comissão foi dada a todas as igrejas de Cristo, não importa seu tamanho ou localização. É fundamental reconhecermos a contribuição de cada parceiro à iniciativa missionária e cultivarmos uma atitude de serviço mútuo nesse trabalho conjunto de levar o evangelho aos que nunca ouviram. Este talvez seja o maior desafio para os parceiros norte-americanos: deixar a posição de controle e autoridade para assumir uma postura de submissão à liderança dos nossos parceiros de outras partes do mundo.

CONCLUSÃO

APOPULAÇÃO MUNDIAL ultrapassou a cifra de oito bilhões de almas. Os governos são cada vez mais hostis ao cristianismo, especialmente em relação aos evangélicos que creem na exclusividade do evangelho de Jesus Cristo para a salvação. No momento em que escrevo este livro, mais de 3.000 povos permanecem ainda não alcançados e sem testemunho do evangelho. As cidades do mundo estão crescendo exponencialmente com refugiados, imigrantes e pessoas em busca de uma vida melhor, e a maior parte deles teve pouco contato com o evangelho de Jesus Cristo. A Grande Comissão é uma tarefa de proporções gigantescas. Como podemos, como igreja, ter um impacto maior sobre a condição de perdição da humanidade?

Começar com o Passo Oito — "O campo missionário" — é fundamental para o processo. Nossos esforços devem visar a realização efetiva da Tarefa Missionária entre povos e lugares não alcançados. Embora citemos a Grande Comissão, proveniente dos últimos versículos de Mateus 28, na maioria de nossas mensagens de ênfase missionária, às vezes negligenciamos duas declarações fundamentais que Jesus fez quando deu a ordem a Seus seguidores. A Grande Comissão começa quando Jesus diz: "Deus me deu todo o poder no céu e na terra" (Mateus 28:18). Essa é uma declaração enorme. Jesus não tem apenas uma parte do poder, mas todo ele. Isso significa que Ele tem domínio sobre todo este mundo em que vivemos. Durante Sua estada na terra, Jesus demonstrou esse poder com Seus milagres, dentre eles, acalmou a tempestade no mar quando os discípulos temiam por suas vidas (Mateus 8:23-27). Os discípulos se maravilharam porque até os ventos e o mar Lhe obedeciam. Da mesma forma, existem vários tipos de turbulência em torno de nossos esforços de envio de missionários, até os dias de hoje.

A segunda declaração fundamental é a maneira pela qual Cristo conclui a Grande Comissão em Mateus: "E lembrem disto: Eu estou com vocês todos os dias, até o fim dos tempos" (Mateus 28:20). Isso significa que Ele nunca nos abandonará, porque o Espírito Santo, nosso auxiliador, ou Paracleto, está ao nosso lado para nos ajudar (João 16:7). Esta deve ser uma declaração encorajadora. O todo-poderoso Jesus, que tem autoridade sobre toda a criação, prometeu nos acompanhar e nos ajudar. Tudo o que temos a fazer é obedecer a Jesus quando Ele diz: "vão a todos os povos do mundo e façam com que sejam meus seguidores [...] e ensinando-os a obedecer a tudo o que tenho ordenado a vocês".

Às vezes, confundimos nosso papel no processo. Um missionário, após um período muito difícil no campo, declarou: "Não fui ao campo missionário para não ver frutos. Acho que não posso continuar se não vir alguns resultados". Por mais desanimadora que seja a falta de resultados, todo cristão tem uma importante contribuição a dar. Em Romanos 10:14-15, Paulo pergunta: "E como poderão ouvir, se a mensagem não for anunciada? E como é que a mensagem será anunciada, se não forem enviados mensageiros?". Assim, as tarefas de envio e pregação são fundamentais no processo de evangelização do mundo. No entanto, não estamos no controle dos frutos espirituais. Em 1 Coríntios 3:6, o apóstolo Paulo reconhece que, embora tenha plantado as sementes do evangelho e Apolo as tenha regado, foi Deus quem produziu o crescimento. O mesmo vale para nossos esforços. Temos um papel a desempenhar e devemos ser fiéis em cumpri-lo da melhor maneira possível. Mas qualquer fruto espiritual provém de Deus e da Sua obra sobrenatural.

Tivemos que desafiar esse missionário desanimado sobre a sua declaração quanto à necessidade de ver frutos. O desafio era que, se Deus o havia chamado para um lugar e um ministério, ele deveria aceitar esse chamado obedientemente e seguir a orientação do Espírito Santo. Se há ou não fruto depende do Senhor. Não somos responsáveis pelo fruto, mas somos responsáveis por sermos fiéis ao Seu chamado e obedientes aonde quer que Ele nos conduza. Isso não significa que não devemos avaliar cuidadosamente nossos métodos e estratégias, mas sim que não temos controle sobre os frutos. Devemos deixar tudo nas mãos de Deus.

Considerando a enorme tarefa que resta a ser feita para alcançar tantas almas, devemos reconhecer todos os recursos que Deus proveu para a tarefa de tornar Seu nome conhecido entre as nações. Deus está levantando igrejas em todo o mundo, de todas as formas e tamanhos: desde igrejas prósperas norte-americanas até igrejas perseguidas em países comunistas. Mesmo as igrejas nas nações mais pobres estão percebendo o chamado de Deus para começar a trabalhar. Se as igrejas lerem a Palavra de Deus, o Espírito Santo as moverá para serem obedientes no cumprimento de sua missão. Ao dar um passo de fé, Deus cumpre Sua promessa e provê um caminho para que Sua vontade seja feita. Ver igrejas e agências em países empobrecidos ou algemados por governos opressores continuarem a encontrar maneiras criativas de enviar trabalhadores para a colheita deve encorajar a todos nós. A visão de Mateus 24:14 está realmente se cumprindo diante de nossos olhos: "E a boa notícia sobre o Reino será anunciada no mundo inteiro como testemunho para toda a humanidade. Então virá o fim". Deus está prestes a cumprir Seu propósito. O papel da igreja é ser obediente para adotar plenamente o chamado que Ele fez.

Então, como esses *Oito Passos* ajudam? É importante que vejamos nosso papel na Grande Comissão como um processo contínuo. Não se trata da simples tarefa de compartilhar o evangelho. A Tarefa Missionária deve envolver toda a igreja e construir uma ponte entre o pastor local e a igreja local até o campo missionário, com a intenção de levar o evangelho ao mundo inteiro. Abrange tudo o que fazemos. Devemos concentrar todos os nossos esforços em estabelecer igrejas saudáveis que se multipliquem entre todos os povos e lugares, para que possam cumprir plenamente o chamado de Deus para se envolverem na Grande Comissão.

Este processo contínuo envolverá as igrejas de Deus em todas as partes do mundo. Deus está chamando Sua igreja, e Sua igreja está respondendo. A igreja deve trabalhar como uma só: a igreja norte-americana cooperando com a igreja sul-americana para cumprir a tarefa. A igreja africana trabalhando com a igreja asiática, e assim por diante. Cada igreja local deve reconhecer seu chamado específico e ser fiel a esse chamado, mas todos temos um papel a desempenhar, equipando, facilitando, desafiando e cooperando nessa enorme tarefa. Toda a igreja de Deus tem uma obra a realizar, e precisamos uns dos outros para cumprir tudo o que Deus nos chamou para fazer.

O processo contínuo também visa manter os missionários saudáveis no campo. Iniciamos o trabalho de construção do processo de *Oito Passos* com o objetivo de enfrentar os desafios de manter uma presença missionária. A testemunha encarnacional é fundamental no plano de Deus de levar o evangelho aos povos do mundo. Como mencionado anteriormente em Romanos 10, deve haver um pregador (ou proclamador) que deve ser enviado. Isso faz com que enviar e apoiar missionários seja uma responsabilidade primária da igreja.

Não é fácil, nem é simples, mas é a coisa certa a fazer. Oramos para que a revisão e o estudo de cada um dos *Oito passos no processo contínuo de missões* ajude e encoraje igrejas, agências e missionários em todas as partes do mundo a avaliar sua situação atual, identificar passos concretos para avançar na causa e dar passos para acatar mais plenamente o chamado que Deus coloca em seus corações. Em Isaías 46:10, o profeta reflete sobre uma promessa de Deus que sustentou os filhos de Israel em tempos difíceis: "meu plano seria cumprido, que eu faria tudo o que havia resolvido a fazer". Esta promessa deve encorajar todo seguidor de Jesus, pois a vitória está garantida. Comprometamo-nos a trabalhar juntos neste empreendimento incrível, reconhecendo que nosso Salvador Jesus Cristo nos convidou a nos unirmos a Ele na tarefa de redimir o mundo para Si mesmo. Não há propósito maior.

Hal Cunnyngham, Ed.D.
Amanda Dimperio Davis, D.Min.

SOBRE OS AUTORES

HAL CUNNYNGHAM, vice-presidente adjunto de Engajamento Global, serve na Junta de Missões Internacionais (IMB) por 37 anos. Ele é o responsável pelas estratégias da Tarefa Missionária frente a comunidades dispersas internacionalmente, pesquisa global e globalização. Ele e sua esposa, Cynthia, serviram dois anos no Brasil como missionários, seguidos de 23 anos no Leste Asiático. Suas atribuições no campo englobavam o plantio de igrejas, administração, educação e treinamento de lideranças. No escritório dos Estados Unidos, ele liderou o processo de avaliação e envio de pessoal missionário da IMB por oito anos antes de assumir sua função atual.

Hal é bacharel em Educação Agrícola e Biologia, mestre em Administração Escolar e Química pela Texas A&M Commerce, e doutor em Administração Escolar e Cognição pela Universidade do Norte do Texas. Também estudou no Seminário Teológico Batista do Sudoeste e atualmente atua no seminário como professor adjunto de missões. Ele é um dos colaboradores de *Whom Shall We Send? Understanding the Essentials of Sending Missionaries* (Quem enviaremos?: compreendendo as questões básicas do envio missionário), livro que apresenta, de maneira geral, os processos envolvidos no levantamento e envio de missionários transculturais.

Os Cunnyngham são casados há 46 anos e têm um filho e dois netos.

AMANDA DIMPERIO DAVIS, diretora de Globalização da IMB, trabalha com a organização há 20 anos. Como missionária solteira, serve como plantadora de igrejas e missionária de mídia no México, Bolívia, Peru e Colômbia. Ela concluiu o bacharelado em Meios de Comunicação de Massa e Difusão na Universidade do Alabama, em Birmingham, e terminou um mestrado em Línguas Bíblicas pelo Seminário Teológico Batista do Sudoeste. Amanda também é uma cientista de laboratório médico registrada pela ASCP, tendo um diploma de associado em ciências. Recentemente, obteve um doutorado em Liderança Cristã pelo Seminário Teológico Batista do Centro-Oeste. Hoje, Amanda atua como professora adjunta de missões no SWBTS, nos programas em inglês e espanhol.

Ela é casada com D. Ray Davis, que também serve na IMB.

APÊNDICE

ESTUDOS BÍBLICOS PARA IGREJAS E MISSIONÁRIOS

LIÇÃO 1

O chamado missionário

O chamado a missões transculturais ocorre de forma mais complexa do que em um simples momento; é uma sucessão de "chamados" que Deus faz a Seus servos. Uma boa maneira de entender esse chamado é dividi-lo em sete etapas, cada uma com um foco específico, havendo uma progressão da primeira até a sétima.

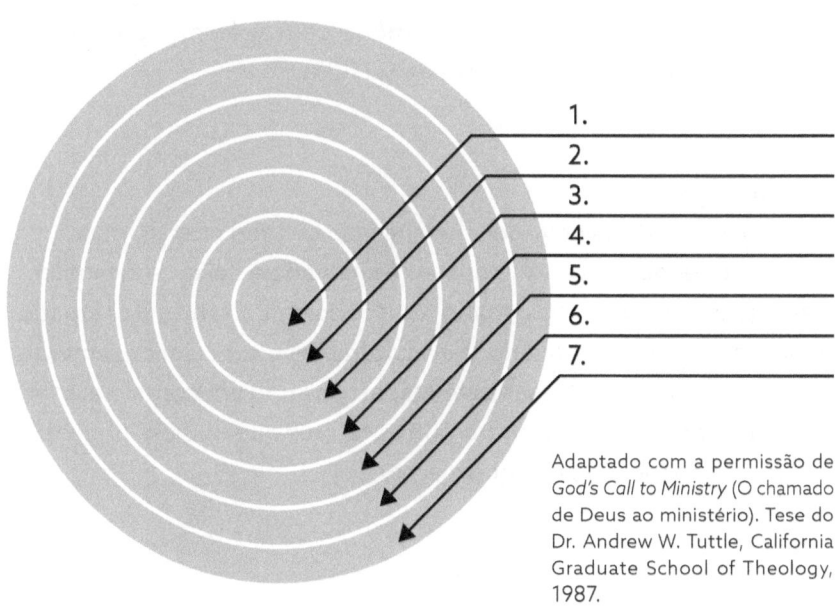

1.
2.
3.
4.
5.
6.
7.

Adaptado com a permissão de *God's Call to Ministry* (O chamado de Deus ao ministério). Tese do Dr. Andrew W. Tuttle, California Graduate School of Theology, 1987.

1. Chamado à salvação em Jesus Cristo (Romanos 3:23, Romanos 6:23, João 3:16-17, João 1:12), que confirma que a pessoa respondeu ao evangelho com fé e arrependimento.

2. Chamado ao ministério da reconciliação, conduzindo outros a Cristo (2 Coríntios 5:17-19).

3. Chamado ao serviço na igreja local (Romanos 12:4, Romanos 12:6-8, 1 Coríntios 12:4-6, 1 Coríntios 12:27-31).

4. Chamado a missões transculturais (Efésios 4:11-12), que responde à pergunta: "Quem é um missionário?".

5. Chamado a levar o evangelho aos não alcançados, deixando a própria cultura e família para transpor barreiras culturais por amor ao evangelho (Romanos 10:11-15, João 20:21, Atos 1:8).

6. Confirmado pela igreja local (Romanos 10:11-15, Atos 13:1-3).

7. Marido e mulher juntos e em harmonia com as formas peculiares do chamado de cada um (Efésios 5:21-33).

Resumo

O chamado de Deus deve ser claro na vida de todo cristão, mas isso não quer dizer que todo cristão é chamado a deixar sua família e seu lar para ser um missionário transcultural. Portanto, o chamado para servir como missionário transcultural deve ser cuidadosamente avaliado pela análise dessas sete etapas, levando em conta o estágio de vida da pessoa, assim como outros fatores que podem influenciar no local onde Deus deseja que ela sirva.

Todo cristão é chamado nas seguintes categorias básicas:

1. Chamado à salvação
Responder à graça do Senhor com fé e arrependimento.

2. Chamado à missão
Em suma, ser chamado para ser um discípulo de Cristo e um "fazedor de discípulos".

3. Chamado a postos específicos em determinadas fases da vida
Em vários estágios da vida, precisamos servir ao Senhor de acordo com papéis sociais específicos que definem nossa realidade cotidiana, por exemplo, o papel de pai/mãe e de esposo/esposa.

4. Chamado ao serviço
Deus concedeu dons específicos a cada cristão para o serviço do corpo local de crentes — a igreja local. Esses dons não são todos iguais; pelo contrário, cada um deve conhecer seus dons espirituais e usá-los a serviço da igreja local.

LIÇÃO 2

O mandamento das missões transculturais

ATOS 10

Parte 1: Deus prepara Cornélio — Atos 10:1-8

Quem é Cornélio? (vv. 1-2)

Como Deus responde à oração de Cornélio? (vv. 3-6)

O que Cornélio fez após seu encontro com o anjo? (vv. 7-8)

Parte 2: Deus prepara Pedro — Atos 10:9-16

O que esses versículos nos dizem sobre Pedro?

Qual era o problema de Pedro comer os animais no lençol?

Por que ele teve a mesma visão três vezes?

Parte 3: Pedro vai ao encontro de Cornélio em Cesareia — Atos 10:17-23

O Espírito revela a Pedro que os três homens são de Deus; ele então os convida a passar a noite na casa em que estava. (v. 23)

No dia seguinte, Pedro e outros irmãos seguem os homens. (v. 23)

Cornélio, em um entendimento ainda errado, prostra-se em adoração a Pedro. (vv. 25-26)

Cornélio e Pedro relatam suas experiências incomuns. (vv. 28-33)

Parte 4: Pedro compartilha o evangelho — Atos 10:34-43

Pedro explica a nova verdade que havia acabado de aprender (vv. 34-35). Pedro compartilha sobre Jesus e ensina que somente por meio dEle há perdão dos pecados (vv. 35-43).

Parte 5: O Espírito Santo confirma a conversão deles — Atos 10:44-48

O Espírito Santo vem sobre eles como testemunho a Pedro e aos outros. (vv. 44-46)

Pedro determina que esses novos convertidos devem ser batizados. (v. 47)

Pedro permanece lá por alguns dias, possivelmente para discipular esses novos cristãos. (v. 48)

Conclusões

Em Atos 10, o que aprendemos sobre missões transculturais?

Em Atos 10, o que aprendemos sobre missões encarnacionais?

Como este capítulo pode ajudar você a se preparar melhor para o ministério transcultural?

LIÇÃO 3

O carácter do missionário

ROMANOS 12:3-21

Releia Romanos 12:3-8.
Na igreja, somos dependentes uns dos outros, cada um tendo seu papel na edificação do corpo de Cristo.

Parte A
Leia os versículos 9-21. Na coluna da esquerda, escreva os mandamentos que devemos seguir. Na coluna da direita, escreva as consequências de não seguir esses mandamentos.

Mandamento	Consequências de não cumpri-lo
Exemplo: v. 9 O amor deve ser sincero	*Demonstrar parcialidade nos relacionamentos*

Parte B: Leia Filipenses 2:1-5

Como o assunto de Romanos 12 se compara com Filipenses 2:1-5?

Como Pedro aplicou esse princípio em sua interação com Cornélio em Atos 10?

Reflita sobre a sua própria vida. Existem áreas em que você pode ser tentado a negligenciar o ensino de Romanos 12:9-21?

LIÇÃO 4

A vida do missionário

MATEUS 8:18-27

Introdução

Às vezes, o ministério é visto como uma aventura exótica onde todos os planos dão certo. Muito pelo contrário: seguir a Jesus, especialmente no caminho das missões transculturais, pode resultar em situações desafiadoras. Em Mateus 8:18-27, Jesus chama as pessoas para O seguirem. Muitos demonstraram ter esse desejo, porém os momentos de interação que tiveram com Jesus serviram para testar o nível de comprometimento e motivação de cada um. Precisamos fazer as mesmas perguntas a nós mesmos hoje.

Parte 1: O mestre da lei e as coisas familiares — Mateus 8:18-20

Como a resposta de Jesus nos leva a questionar a disposição do mestre da lei em abrir mão de certas coisas?

Que implicações da resposta de Jesus vão além da mera escolha do local onde morar?

Você teria dificuldade em abrir mão de algum conforto ou luxo em sua própria vida se o Senhor o chamasse para servir em um lugar diferente?

Parte 2: O discípulo e sua família — Mateus 8:21-22

O pedido desse discípulo era razoável?

Por que Jesus deu uma resposta tão direta?

De que maneira as relações familiares podem ser afetadas quando alguém atende ao chamado de Jesus?

Parte 3: Os discípulos e a tempestade — Mateus 8:23-27

Por que os discípulos ficaram tão surpresos com a tempestade?

O que os discípulos fizeram de correto?

Por que Jesus questionou a fé deles no versículo 26?

Que lição Jesus estava tentando ensinar aos discípulos com essa experiência?

LIÇÃO 5

O trabalho do missionário

2 TIMÓTEO 2:1-3; ATOS 18:18-27

Parte 1: Instruções de Paulo a Timóteo — 2 Timóteo 2:1-3

Qual é o fundamento da estratégia de Paulo de estabelecer igrejas em locais não alcançados?

Parte 2: Treinamento de Áquila e Priscila por Paulo — Atos 18:18-27

O que a Escritura diz? Descreva brevemente o que acontece em cada seção.

- Paulo em viagem — v. 18

- Chegada em Éfeso — vv. 19-20

- Paulo visita outras regiões — vv. 22-23

- Áquila e Priscila encontram um problema: Apolo — vv. 24-26

- O resultado da ajuda deles — vv. 27-28

Parte 3: A estratégia de Paulo em ação

Qual é a relação entre as instruções de Paulo em 2 Timóteo 2:2 e o que ele fez em Atos 18:18-27?

Que lições ou aplicações com foco missionário podem ser tiradas a partir das instruções e ações de Paulo?

Em que diferem o trabalho de um pastor de igreja local e o trabalho de um missionário transcultural?